AF599469

CATARATA

CARLOS TAIBO

Ha sido durante treinta años profesor de Ciencia Política en la Universidad Autónoma de Madrid. Entre sus libros se cuentan *En defensa del decrecimiento* (2009), *El decrecimiento explicado con sencillez* (2011), *Colapso. Capitalismo terminal, transición ecosocial, ecofascismo* (2016), *Ante el colapso. Por la autogestión y el apoyo mutuo* (2019) y *Decrecimiento: una propuesta razonada* (2021).

Carlos Taibo

Ecofascismo

UNA INTRODUCCIÓN

CATARATA

COLECCIÓN RELECTURAS

PRIMERA EDICIÓN: SEPTIEMBRE DE 2022
SEGUNDA EDICIÓN: OCTUBRE DE 2022
PRIMERA EDICIÓN EN LA COLECCIÓN RELECTURAS: SEPTIEMBRE 2024

FUENCARRAL, 70
28004 MADRID
TEL. 91 532 20 77
WWW.CATARATA.ORG

ECOFASCISMO.
UNA INTRODUCCIÓN

ISBN: 978-84-1067-118-8
DEPÓSITO LEGAL: M-20.645-2024
THEMA: RNA

IMPRESO POR ARTES GRÁFICAS COYVE

Cuentan que un periodista preguntó en una ocasión al responsable de la selección de los cuadros superiores de un banco cuáles eran los criterios que utilizaban al respecto. Sin andarse por las ramas, el interpelado explicó que empleaban pruebas psicométricas encaminadas a reclutar genuinos psicópatas, toda vez que esta última es la condición de quienes dirigen las instituciones financieras.

Hay que bajar las pensiones por cuanto existe un riesgo de que la gente viva más de lo esperable.

(Christine Lagarde, máxima responsable del Fondo Monetario Internacional)

Hay razones para estar inquietos, porque ahora sabemos que vivimos en un tipo de sociedad que hizo posible el Holocausto y que no contenía nada que pudiese evitar que el Holocausto sucediese.

(Zygmunt Bauman)

ÍNDICE

PRÓLOGO

Este es, con mucho, el más especulativo de mis libros. En su título, y en sus páginas, incorpora un término polémico al que tanto pueden atribuirse virtudes como limitaciones. Lo anterior al margen, se interesa por una materia de perfiles nebulosos que se presta a las más diversas interpretaciones. Quiero creer, sin embargo, que constituye una legítima llamada de atención sobre un horizonte que en muchas de sus manifestaciones ya está aquí, y que reclama estudio y contestación. Aclararé que en lo que hace a ese horizonte me interesa poco la certificación de que en los fascismos de antaño —en el nacionalsocialismo alemán, por ejemplo— hubo una notable pulsión ecológica. Lo que me atrae, si tengo que trasladar el argumento a aquellos años, es la llamativa seducción que un proyecto como el nacionalsocialista suscitó en buena parte del empresariado germano en una situación delicada.

Y es que cuando, y vuelco el argumento en lo que hoy tenemos delante de los ojos, empleo el vocablo *ecofascismo*, lo hago para identificar un proyecto en virtud del cual algunos de los estamentos dirigentes del globo —conscientes de los efectos del cambio climático, de las secuelas del agotamiento de las materias primas energéticas y de la manifestación, en la trastienda, de un sinfín de crisis paralelas— habrían puesto manos a la tarea de preservar para una minoría selecta recursos visiblemente escasos. Y a la de marginar, en la versión más suave, y exterminar, en la más dura, a lo que se entiende que serían poblaciones sobrantes en un planeta que habría roto visiblemente sus límites. En esa perspectiva, el ecofascismo no sería en modo alguno un proyecto negacionista vinculado con marginales circuitos de la derecha más extrema, sino que surgiría, antes bien, en el meollo de algunos de los mayores poderes políticos y económicos. Aunque tendría como núcleo principal a las elites del mundo occidental, a ellas podrían sumarse, ciertamente, otras radicadas en espacios geográficos diversos, y entre ellos el configurado por las llamadas *economías emergentes*. El ecofascismo hundiría sus raíces, por lo demás, en muchas de las pulsiones del colonialismo y del imperialismo de siempre, que en adelante tanto podrían apostar por el exterminio, ya sugerido, de quienes se estima que sobran como servirse de poblaciones enteras en un régimen de explotación que en mucho recordaría a la esclavitud de hace bien poco. En más de un sentido el ecofascismo sería, en fin, una forma de colapso. No creo que haya palabra mejor para retratar las consecuencias de una reducción dramática, vía genocidio y procesos afines, de la población mundial.

Debo subrayar que mi interés por esta discusión no es nuevo. Si así se quiere, se ha desplegado en el tiempo a través de un camino que me ha conducido desde la perspectiva del decrecimiento, primero, pasando por la teoría del colapso, después, para levantar un tercer pivote que no es sino el del ecofascismo mencionado. No está de más que señale que en un libro titulado *Colapso*, cuya primera edición vio la luz en 2016, ya había dedicado un capítulo, por cierto, a la consideración de lo que hoy me ocupa de manera expresa. En esa obra, y en alguna otra, me asaltaron, por añadidura, cuestiones —así, la relativa a la condición y a las causas del colapso— que aquí apenas me van a atraer, aun cuando tengan, claro, su relieve en lo que atañe a la caracterización del fenómeno ecofascista.

Varios son, por lo demás, los objetivos de este trabajo. El primero estriba en aclararme a mí mismo y procurar aclarar a quien me lee algunos conceptos que por fuerza tienen que ser polémicos. Aunque doy por descontado que el resultado es insatisfactorio, prefiero asumir, lejos de las verdades absolutas, las limitaciones consiguientes. Soy consciente, en paralelo —y permítaseme la ironía—, de que este libro no ayudará a poner de acuerdo a quienes piensan que soy un optimista desaforado y a quienes estiman que están ante un pesimista patológico. Un segundo objetivo de estas páginas es unir, en la crítica, lo social y lo ecológico, y contestar el poder en sus diversas manifestaciones. Con esa voluntad se afrontan discusiones delicadas como son las relativas a la ciencia, a la tecnología, a la industrialización, a la razón, a la Ilustración o a la idea de progreso, constructos y, en su caso, realidades a menudo idolatradas en el pensamiento de determinada *izquierda* que no parece apreciar problemas mayores en todos esos ámbitos y que prefiere descalificar, de la mano de etiquetas simples, a quienes ven las cosas de otra manera. En el buen entendido de que se me antoja evidente que muchos de quienes piden que callemos lo que desean es apuntalar, sin más, el miserable orden del capitalismo realmente existente. Agregaré, en un tercer y último escalón, que los argumentos vertidos en este texto no obedecen, o no lo hacen de forma primaria, a la búsqueda de un rigor supuestamente científico. Responden, antes bien, a un impulso de movilización que confía, pese a todo, en que la catástrofe que probablemente se avecina, y que para muchos ya está aquí, abra el paso a sociedades marcadas por la autogestión, la igualdad y el apoyo mutuo, dispuestas a mantener una relación respetuosa con el medio natural y muy alejadas de muchos de los empleos perversos de la ecología que se sopesan en este libro.

Las cosas así, esta obra se articula en ocho capítulos. El primero examina el concepto, que ya he avisado es conflictivo, de *ecofascismo.* El segundo considera los antecedentes de este último en escenarios como los aportados por la Alemania hitleriana y, en otra clave, por el colonialismo occidental en sus diversas formas. El tercero hinca el diente a lo que la pandemia del COVID-19 ha podido aportarnos como anticipo de un futuro inquietante. El cuarto presta atención a la presunta concreción, en ámbitos varios, de la propuesta ecofascista. El quinto sopesa si tiene sentido hablar de ecofascismo, en singular, o por el contrario debemos hacerlo de ecofascismos, en plural. El sexto bucea en algunas de las dimensiones que rodean la relación entre mujeres y ecofascismo.

El séptimo acoge una reivindicación del apoyo mutuo y de las sociedades en él asentadas. Y el octavo y último, en fin, procura extraer algunas conclusiones de carácter general.

Mucho me gustaría equivocarme en lo que hace al diagnóstico que inspira esta obra —el que sugiere que estamos ante un colapso de perfiles inquietantes— y en lo que atañe al proyecto ecofascista que al amparo de ese colapso puede adquirir carta de naturaleza. Me gustaría tanto, que aceptaría de buen grado que, de resultas, se concluyese que este es el peor de mis libros. Y eso que competidores solventes tiene, y hablo de mis trabajos, unos cuantos.

Carlos Taibo

I. UN CONCEPTO CONFLICTIVO

El propósito de este capítulo inicial no es otro que clarificar un panorama conceptual, el que rodea a la palaba que da título a esta obra, no precisamente sencillo. Y es que el de *ecofascismo* constituye un concepto polémico que ha sido, y será, objeto de críticas que llegan desde las atalayas ideológicas y disciplinares más dispares[1]. Esas críticas afectan tanto al prefijo —lo común es que se sobreentienda que acompaña siempre a realidades saludables o, como poco, neutras— como al sustantivo, controvertido donde los haya, que lo sigue. Más allá de lo apuntado, debo poner sobre aviso del hecho de que con mucha frecuencia el vocablo en cuestión se ha empleado para retratar sin más la condición de determinadas pulsiones de carácter ecológico que emergieron en algunos de los fascismos de entreguerras.

LOS FASCISMOS

Cuando impartía clases de Ciencia Política en una universidad madrileña y tenía que referirme al fascismo o, por mejor decirlo, a los fascismos, procuraba acometer lo que en sustancia era un ejercicio de pedagogía que se desplegaba en tres fases. La primera aconsejaba concluir que el uso popular descalificatorio que

1. Staudenmaier, 2021: 11.

a menudo corresponde al adjetivo *fascista* nada tiene que ver con el discurso politológico. Sabido es que resulta harto común que se emplee ese adjetivo para demonizar lo que no nos gusta, de tal suerte que tanto puede aplicarse a Stalin como a Felipe González, a Margaret Thatcher como al ayatola Jomeini. La segunda sugería que conviene alejarse también del criterio restrictivo que entiende que hablando en propiedad solo ha habido un fascismo en la historia: el que lideró Mussolini en Italia en las décadas de 1920, 1930 y, parcialmente, 1940. Aunque esa percepción es legítima y respetable, cerraba el paso a una tercera que estimaba que tiene sentido emplear el término *fascismo* en plural para identificar un conjunto de regímenes que, de vocación totalitaria, se hicieron valer ante todo en el llamado *período de entreguerras* y, con rasgos eventualmente distintos, y ocasionalmente, con posterioridad al segundo conflicto mundial.

Aunque —repito— las consideraciones anteriores tienen la virtud de la pedagogía, salta a la vista que en modo alguno resuelven todos los problemas. Recordaré al respecto, por rescatar algunas de las cuestiones cuya resolución queda en el aire, que acaso no está de más abrir el camino a una estratagema ortográfica como la que refiere Gentile cuando subraya que en inglés no es infrecuente que se distinga entre *Fascism*, con mayúscula, para designar al fascismo italiano, y *fascism*, con minúscula, para remitir a un concepto más genérico[2]. Y señalaré que pervive la discusión relativa a si hay que circunscribir el fenómeno de los fascismos al período de entreguerras o, por el contrario, conviene alargar su empleo unas décadas más para aplicar el término, llegado el caso, a fenómenos contemporáneos. Menudean, por otra parte, las disputas sobre el posible concurso del vocablo para designar realidades alejadas del mundo occidental y de sus tentáculos político-culturales. De resultas de polémicas como las anteriores, y de algunas más, hay quien sostiene que los fascismos de entreguerras son irrepetibles, hay quienes estiman que el concepto puede y debe utilizarse de manera generosa y maleable, y hay quien tiene

2. Gentile, 2019: 68.

a bien recordar que ese concepto se ha visto sometido a manipulaciones sin cuento que no pueden sino enrarecer las controversias.

Me quedaré, aun con todo, con la definición que proponía en el aula —esa que habla de un conjunto de regímenes de vocación totalitaria— para intentar identificar algunos de los rasgos principales que incorpora. Uno de ellos, en modo alguno universal, lo aportó el hecho de que no faltaron los fascismos que mostraron un respeto inicial, y un uso interesado, de las reglas del juego de la democracia liberal. Todos esos sistemas se beneficiaron, por otra parte, de un apoyo fundamental en la institución Estado, se sirvieron de poderosas maquinarias represivo-militares, recurrieron a proyectos y retóricas nacionalistas, asumieron estrategias de fortalecimiento del liderazgo y de la disciplina, y rechazaron lo que pudieran significar conceptos como los de *igualdad*, *pluralismo* y *diálogo*. Al amparo de un uso intenso de la violencia, procuraron la supresión de las disensiones: el enemigo debía ser privado de todo poder y de toda capacidad de expresar su opinión. Mostraron también un frecuente antiintelectualismo y un universal antifeminismo asentado en la idea de que los hombres eran inequívocamente superiores a las mujeres. Trabajaron, en otro terreno, en provecho de la generación de un sentimiento de pertenencia que, merced a una relectura interesada del pasado, ensalzaba la raza, la sangre, la comunidad de historia, el heroísmo, el honor y la mitología[3], y proporcionaba recompensas psicológicas frente a los *otros* en un escenario de lo que a menudo fue una movilización muy intensa. Los fascismos abocaron con frecuencia en expansionismos marcados por proyectos de imposición militar-nacionalista, alejados de cualquier prurito ideológico-internacionalista; no era sencillo barruntar detrás de esos proyectos, en otras palabras, ningún interés por la especie humana y su futuro. En todos los escenarios constituyeron, en suma, una solución extrema para un capitalismo que, en momentos de crisis, debía encarar problemas graves. En este orden de cosas ratificaron la autoridad de los empresarios, fortalecieron la propiedad privada y cancelaron cualquier suerte

3. Polanyi, 2020: 26-27.

de resistencia y autogestión obreras. Su colaboración con segmentos importantes de las clases dominantes se vio comúnmente acompañada, en fin, del despliegue de formas indisimuladas de racismo.

A duras penas puede sorprender que, con mimbres como los mencionados, el término *fascismo* se asocie con palabras como *derecha*, *contrarrevolución*, *reacción*, *conservadurismo*, *autoritarismo*, *corporativismo*, *nacionalismo*, el recién mentado *racismo* e *imperialismo*[4]. Aunque en la caracterización que inicialmente propuse aparecía, por cierto, otro adjetivo clave —el que se incorporaba a la expresión *vocación totalitaria*—, confesaré que ese adjetivo me atrae poco. En parte porque ha sido mil veces instrumentalizado políticamente —desde los aparatos de propaganda del mundo occidental se habría postulado que ninguna economía de mercado puede ser totalitaria mientras, en cambio, se habría reservado este calificativo para los sistemas de tipo soviético, aun a sabiendas de los cambios moderadamente liberalizadores que estos exhibieron tras la muerte de Stalin— y en parte porque remite a una suerte de tipo ideal cuyos rasgos difícilmente pueden materializarse en los hechos.

JUEGOS TERMINOLÓGICOS

Antes de examinar el concepto de *ecofascismo* que manejaré en esta obra tiene sentido que preste atención a otros términos que corren por ahí y que beben en un grado u otro del de *fascismo*. El primero de ellos lo ha perfilado Enzo Traverso, quien en su momento se inclinó por hablar de *posfascismo* con la vocación de identificar fuerzas políticas y propuestas que, hoy, parecen exhibir una matriz fascista. Aunque incorporen también otros muchos elementos, esas fuerzas y propuestas no pueden explicarse sin tal matriz, que, sin embargo, se antoja insuficiente para dar cuenta en

4. Gentile, 2019: 47.

plenitud de lo que son[5]. Las fuerzas en cuestión habrían asumido, por otra parte, cierto grado de integración en las reglas de un sistema, el de la democracia liberal, que ya no contestarían frontalmente[6]. A semejanza de muchos de los regímenes *autoritarios* que se revelaron en el pasado, los posfascismos habrían renunciado a los valores fuertes de antaño y se contentarían con propiciar la aquiescencia de la población antes que su movilización permanente. Traverso sugiere que defenderían una especie de democracia plebiscitaria que cancelaría el vigor de todo aquello que huela a deliberación plural, en provecho siempre de la soberanía nacional y de la defensa de identidades amenazadas[7]. Tal y como lo señala el propio Traverso, aunque los movimientos posfascistas son por esencia antifeministas, negrófobos, antisemitas y homófobos, cuando de lo que se trata es de contestar lo que se entiende que son posiciones propias del islam eventualmente podrían defender los derechos de las mujeres y de los homosexuales. No está claro, aun así, que todas las dimensiones de este concepto nos sirvan para ilustrar lo que puede intuirse que será un imaginable ecofascismo futuro, que lo suyo es que presente rasgos más rotundos, acompañados siempre de políticas de expansión e imposición fuera de las fronteras propias. Malm y el colectivo Zetkin prefieren hablar de *fascismo tardío*, toda vez que, a su entender, lo de posfascismo remite a un escenario en el que el fascismo irremisiblemente habría concluido ya, de tal suerte que al amparo del concepto en cuestión no se tomaría en consideración que lo que retrata en términos contemporáneos bien puede ser, en su condición de prefascismo o protofascismo, el fermento de un fascismo futuro[8].

Despuntan, sin embargo, otros términos que se mueven en un ámbito próximo. Hay quien habla, por ejemplo, de *fascismo 2.0* para retratar una adaptación, al tiempo presente y sus hábitos, de una realidad del pasado. Pero hay quien identifica también el

5. Traverso, 2018: 18-19.
6. Véase, por ejemplo, y en el caso español, la actitud de Vox ante la Constitución en vigor y la monarquía.
7. Traverso, 2018: 39.
8. Malm y Zetkin Collective, 2021: 253.

eco de un *neoecofascismo* para describir cómo se ha verificado una actualización que en este caso lo sería del ecofascismo de antaño protagonizado por determinados sectores del nacionalsocialismo alemán y del fascismo italiano[9]. En una estela similar se mueve el concepto de *ecototalitarismo*, heredero infeliz, desde mi punto de vista, de las limitaciones que rodean al vocablo que está en su núcleo. No falta quien sugiere, por otra parte, que debemos hablar de un *fascismo fósil*[10] hondamente preocupado por el agotamiento de las materias primas energéticas. Y hay quien se sirve, en suma, del socorrido sustantivo *populismo* que, empleado las más de las veces como etiqueta descalificatoria, exhibe comúnmente un escaso valor de interpretación y descripción[11]. Todo el mundo puede al cabo ser populista, de tal forma que, como lo sugiere Marco d'Eramo y lo recuerda Traverso, el concepto correspondiente define antes a quien lo emplea que a quien se ve retratado por ese empleo[12]. Pareciera como si a los ojos de quienes defienden el orden imperante toda contestación de este fuese populista[13], un adjetivo que, aun con ello, bien puede dar cuenta, ciertamente, de determinadas manifestaciones del ecofascismo, como es el caso de la exaltación de las virtudes naturales del pueblo o del designio de oponer este a elites corruptas[14].

Para cerrar estas rápidas observaciones, conviene que agregue que el término *ecofascismo* ha sido objeto de algún rechazo entre gentes que estiman que el ecologismo que defienden, ontológicamente saludable, en modo alguno puede relacionarse con un proyecto en un grado u otro fascista. Pero, en sentido muy diferente, se revelan también algunos ejemplos de cómo ha sido blandido para descalificar al ecologismo sobre la base de la certeza de que los militantes de aquel son por definición unos *fascistas*. Ahí está, para demostrarlo, el libro de James Delingpole titulado

9. No deseo ignorar que es legítima la distinción entre neofascismo y extrema derecha, en el buen entendido de que esta última a duras penas puede explicarse sin dar cuenta de sus vínculos, cierto que complejos y cargados de equívocos, con el fascismo de antaño.
10. Malm y Zetkin Collective, 2021: XIII.
11. Traverso, 2018: 26.
12. Traverso, 2018: 27.
13. Traverso, 2018: 28.
14. Traverso, 2018: 26-27.

The Little Green Book of Eco-fascism[15]. Esa posición tiene, con todo, su referente mayor en otro concepto, el de *ecoimperialismo*, desarrollado por Paul Driessen[16]. Para Driessen el ecologismo de los países del Norte impone criterios propios de las poblaciones acomodadas a los pobres del Sur, de tal manera que viola los derechos humanos de estos, les niega oportunidades económicas y rechaza su derecho a zafarse de las enfermedades de las que se han liberado los habitantes de los países ricos. En paralelo, promueve debates irresponsables sobre la energía, los pesticidas, la biotecnología y el comercio, y envía a la tumba a millones de niños, adolescentes, hombres y mujeres[17]. En el meollo de esa insana operación estarían la llamada *responsabilidad social corporativa*, que constituye un arma de destrucción masiva[18], y las organizaciones no gubernamentales, que se entregarían a la adulteración de los hechos y a la coacción, ocultarían sus fuentes de financiación, chantajearían a las empresas y a los medios, y evitarían considerar las consecuencias negativas de las causas que promueven o imponen[19]. Hablo de instancias que, conforme a esta visión, rechazan lo que significan el comercio, la ciencia, la tecnología y la propia humanidad[20].

Siempre en la percepción de Driessen, son los ecologistas quienes buscan egoístamente el beneficio privado, de tal forma que es el ecoimperialismo, y no el colonialismo, el que mata[21]. Los mercados y los seres humanos libres crean, por el contrario, optimismo, oportunidades, innovación, prosperidad, salud y un medioambiente sano[22]. Las empresas y los mercados lo resuelven, entonces, todo, no en vano no agreden al medio natural y acrecientan venturosamente la riqueza de los pobres. Aunque Nike paga salarios más bajos en los países del Sur, su altruismo se revelaría de la mano del hecho de que tales salarios están por encima

15. Delingpole, 2013.
16. Driessen, 2003.
17. Niger Innis, en Dreissen, 2003: VII.
18. Driessen, 2003: 13.
19. Driessen, 2003: 12-13, 23 y 25.
20. Driessen, 2003: 15.
21. Driessen, 2003: 45.
22. Driessen, 2003: 162.

de los medios en esos países[23], de manera que lo que al cabo se manifiesta no es la explotación, sino una forma de filantropía. Driessen cuestiona sin fisuras, en fin, el modelo "europeo", lastrado a su entender por la certeza, que acosa a los trabajadores, de disponer de un empleo y por los Estados del bienestar, frente al modelo estadounidense, caracterizado desde su punto de vista por un mayor crecimiento, por la innovación, por un nivel de vida más alto y por la flexibilidad[24], y al parecer carente de cualquier relación con la pobreza de capas enteras de la población.

LO QUE INTERESA DE LOS FASCISMOS

A la hora de perfilar el concepto de *ecofascismo* salta a la vista que en su configuración no están presentes todos los rasgos de los fascismos de antaño. No podía ser de otro modo en un escenario cambiante como a la postre ha sido el de las últimas décadas, en las que se han alterado, además del escenario ecológico del planeta, el contexto geopolítico, las reglas del juego económico, las relaciones de clase y nación, y, por dejarlo ahí, el carácter de los partidos y de lo que ha dado en llamarse *sociedad civil*[25]. Y ello por mucho que no deje de ser cierto que elementos característicos del decenio de 1930, como una inflación desbocada y un desempleo masivo, parecen abrirse camino también hoy[26].

¿Cuáles son, en una rápida consideración, los rasgos vertebradores de los fascismos que me interesan por cuanto pervivirían razonablemente incólumes en el ecofascismo? El primero lo aportan algunas de las dimensiones identificadas por Traverso, como es el caso del peso de la autoridad y de la jerarquía, combinado con una apuesta consistente en favor de la ciencia y, en particular, de la técnica, y con un empleo intenso, intensísimo, de la

23. Driessen, 2003: 79.
24. Driessen, 2003: 108.
25. Riley, 2021: 11.
26. Riley, 2021: 11.

propaganda[27]. Esto aparte, lo suyo es recordar que la búsqueda de determinados consensos populares que permitan sacar adelante medidas muy delicadas se hizo valer en los fascismos y probablemente se revelará de nuevo en los ecofascismos[28]. De resultas, estos no se presentarán de forma necesaria como una propuesta estrictamente antidemocrática y podrán servirse, siquiera parcialmente, de las reglas de la democracia liberal para satisfacer sus objetivos. Claro es que al cabo los consensos mencionados no parecen llamados a ver la luz al amparo de una deliberación abierta, sino por efecto de imposiciones que saldrán adelante de la mano de la propaganda en cuestión y permitirán aquilatar una comunidad monolítica y homogénea[29]. Al respecto desempeñarán un papel decisivo los medios de comunicación, sí, pero también el sistema educativo como un todo. Por detrás despuntará el designio de forjar esa comunidad de la que hablaba, al amparo de un aparato represivo-militar que se entregará, si es necesario, al ejercicio del terror organizado y dará alas a un imperialismo belicista. Hoy no se trata, sin embargo, como ocurrió con el fascismo italiano, de regenerar a un pueblo corrompido por la división política y el sometimiento[30], sino de salvar a una minoría sin descartar, eso sí, el concurso de una farsa, la de la soberanía, que acaso facilitará que se oculte la condición del proyecto general. En la trastienda se hará valer un rechazo de todo lo que suponga proteger la vida, ayudar a los débiles, pacificar las relaciones o alentar la igualdad[31]. El escenario beberá, en fin, de uno de los rasgos que Zygmunt Bauman ha tenido a bien identificar en los sistemas que padecemos. Me refiero al hecho de que incorporan una formidable maquinaria de producción de indiferencia moral y, de forma más general, de deslegitimación de los preceptos morales[32].

27. Traverso, 2018: 115.
28. Traverso, 2018: 125; Cooper, 2021: 5.
29. Traverso, 2018: 127.
30. Gentile, 2019: 160.
31. Amery, 2002: 117.
32. Bauman, 1999: 169. Mejor no hacerse preguntas y obedecer: fue lo que ocurrió, sin ir más lejos, con muchos de los integrantes de las profesiones liberales en la Alemania nazi.

EL ECOFASCISMO SOMERAMENTE RETRATADO

Hitler fue, en la década de 1930, una opción solvente para los intereses de las clases dirigentes de la sociedad alemana, de la misma manera que el ecofascismo puede serlo para las clases dominantes del mundo de hoy. Al calor del término *ecofascismo* se reúnen, como salta a la vista, dos elementos. Si el primero, el prefijo *eco-*, ilustra la condición de una percepción en la que la cuestión ecológica tiene un carácter principal, el segundo da cuenta de la naturaleza de un proyecto autoritario, de la miseria social acompañante y de la anulación de la lucha de clases que nace de abajo, propios todos ellos de los fascismos de antaño. También aquí cabe sugerir que el ecofascismo constituiría, en un grado u otro, una suerte de modernización adaptativa de los fascismos tradicionales, cuya dimensión ecológica, en muchos casos, no habría sido, con todo, desdeñable[33]. Como tal combinaría la trama política, económica y social de aquellos con elementos nuevos vinculados con el cambio climático, con el agotamiento de las materias primas energéticas y con las agresiones que padece la biodiversidad. En otra clave de interpretación, y pese a las desbocadas aserciones de Driessen, cabría entender que el ecofascismo sería un imperialismo en el que a las reglas tradicionales de este se agregarían de forma imperativa otras vinculadas con la cuestión ecológica. Cierto es que en todos estos casos se haría valer en algún grado un empleo del sustantivo *fascismo* —también el del vocablo *imperialismo*— que, interesado, acarrearía cierto grado de forzamiento de su significado y remitiría al uso descalificatorio de ese término del que recelé unas páginas atrás.

Parece obligado añadir, con todo, dos observaciones más que completan esta consideración relativa a la condición del ecofascismo. La primera subraya que este no tiene un carácter negacionista: se asienta, antes bien, en una certificación rotunda del relieve que corresponde al cambio climático, al agotamiento de las materias primas energéticas y a la pérdida de biodiversidad recién mencionados. Al menos en esta dimensión, no configura, en

33. Biehl, 2011: 44.

consecuencia, una contestación de la modernidad, sino que, por el contrario, y como en muchos sentidos ocurrió con el nazismo, constituye una reacción moderna que surge en el núcleo del sistema. En tal sentido, y por añadidura, el diagnóstico ecofascista es mucho más complejo y ambicioso que las apuestas de los extremistas de derecha o los neonazis de estas horas. Su naturaleza, en fin, puede hacer que el proyecto resultante sea atractivo tanto para los *illiberals* como para muchos *liberals*. No está de más que, en este orden de cosas, recuerde que un análisis muy celebrado en los últimos años, el de Anne Applebawm, concentra toda su atención en las miserias de los *illiberals* en franco olvido de las de los *liberals*. Si en los textos de Appelbawm no hay espacio alguno para glosar lo que significan la propiedad privada, la desigualdad y las quiebras del principio de igualdad de oportunidades, tampoco lo hay para sopesar el riesgo de un eventual colapso. Pareciera como si toda la atención se la llevase una loa permanente de una meritocracia que surgiría en virtud de procedimientos respetables y naturales[34].

A tono con lo anterior, la segunda de las observaciones que anunciaba pone el acento en el hecho de que el ecofascismo no es un fenómeno vinculado específicamente con el mundo de la derecha extrema. Y si alguna relación guarda con esta, esa relación se deriva de una circunstancia precisa: en muchos escenarios todo el sistema político ha basculado hacia ese mundo. En este terreno lo suyo es recordar que la bibliografía politológica no parece considerar la posibilidad de que fuerzas del *establishment* —liberales, socialdemócratas— coqueteen con pulsiones autoritarias y, en su caso, ecofascistas. Y, sin embargo, y sin ir más lejos, ese horizonte, o uno tendencialmente similar, se ha revelado mil veces al amparo de la historia del colonialismo. No hay por qué descartar, en particular, que determinadas modulaciones de lo que se ha dado en llamar *capitalismo verde* constituyan una antesala del ecofascismo. Las cosas como fueren, si la extrema derecha suele ser marginal, del ecofascismo no se puede decir lo mismo: se apresta a emplear, antes bien, aparatos de poder sólidamente asentados. Como lo hicieron, por lo demás, y eso sí, los fascismos de antaño.

34. Applebawm, 2020: 27.

II. LOS ANTECEDENTES

En este capítulo me propongo considerar sucintamente lo que cabe entender que son antecedentes del proyecto ecofascista. Me referiré al respecto, por un lado, a la condición de determinadas realidades que se revelaron en la Alemania hitleriana y, por el otro, a la naturaleza de muchas de las prácticas que cobraron cuerpo al amparo del colonialismo de siempre. En el buen entendido de que, en el segundo caso, el interés de estas últimas las más de las veces no remite a su raíz eventual ecológica y sí al ejercicio de barbarie que han llevado comúnmente consigo. Prestaré atención también, con todo, a algunas de las modulaciones de la propuesta de la extrema derecha contemporánea. En una dimensión no despreciable, estas consideraciones obedecen al propósito de argumentar por qué, pese a que el empleo del término *fascismo* en el marco general del vocablo *ecofascismo* es discutible y tiene por fuerza que ser polémico, en modo alguno se antoja de más.

LA ALEMANIA HITLERIANA

En el Partido Alemán Nacional-Socialista (NSDAP), el partido de Hitler, operó un activo grupo de presión que otorgaba a la cuestión ecológica un relieve singular[1]. A su amparo se defendió la vuel-

1. La condición de la ecología en el Tercer Reich se estudia en el capítulo cuarto del *Nazi Ecology* de R. Mark Musser (véase Musser, 2018). Esta obra, interesante en lo que hace a la dimensión ecológica de determinadas corrientes insertas en el

ta al mundo rural, se criticaron las consecuencias negativas de la urbanización y la industrialización, y se postularon en su caso prácticas de corte vegetariano. No solo eso: salió adelante una nutrida legislación de corte medioambiental que afectó a programas de reforestación y de protección de animales y plantas, y se tradujo en algunas trabas para el desarrollo industrial[2]. Conviene subrayar que hablo de una corriente poderosa e influyente que hacía uso de conceptos que no eran mera propaganda. Aunque, eso sí, no todas las percepciones y propuestas consiguientes suscitaban adhesiones francas en la cúpula del partido y en la del propio Estado nacionalsocialista[3]. En la certeza, naturalmente, de que todas esas reivindicaciones se volcaban en provecho de una *raza* elegida a la que se suponía en condiciones de imponer reglas del juego de obligado cumplimiento a los demás.

La propuesta que me ocupa aportaba, si así se quiere, una síntesis de naturalismo y nacionalismo desarrollada bajo la influencia de una tradición romántica que a la postre bebía de un irracionalismo entregado a la tarea de contestar la Ilustración[4]. Presente desde tiempo atrás en la cultura política alemana, esa corriente acarreaba una mezcla de misticismo, seudociencia, el irracionalismo mencionado y mitología racial[5]. En el nazismo fueron de la mano, de resultas, el chauvinismo, la protección de la patria y las políticas medioambientales[6], al amparo de una combinación en la que se dieron cita el ecologismo nazi, por un lado, y el genocidio y el terror, por el otro[7]. En la trastienda recibía una frecuente adhesión la idea de que la naturaleza es el reino del orden absoluto, frente al caos que impregna la civilización. En la percepción de los nazis el autoritarismo inflexible se justificaba

---

nacionalsocialismo alemán, concluye, sin embargo, en pleno delirio, que el ecologismo contemporáneo sería también un proyecto autoritario y, en su caso, nazificado, merecedor por ello de un rechazo frontal.

2. Staudenmaier, 2011a: 37-38.
3. También en la Italia mussoliniana se revelaron, por cierto, vínculos entre paisaje, raza y ruralismo. Bastará con recordar, a guisa de ejemplo, la condición de la política de reconstrucción de los bosques. Véase Staudenmaier, 2021:25.
4. Staudenmaier, 2011a: 15.
5. Staudenmaier, 2011a: 26.
6. Musser, 2018: 120.
7. Musser, 2018: 322.

sobre la base de la necesidad de restaurar, entonces, el orden natural de la sociedad[8]. Era fácil apreciar, por añadidura, un vínculo entre pureza medioambiental y pureza racial[9]. Las tradiciones y la lengua se relacionaban con un paisaje ancestral que dibujaba seres humanos a él vinculados y otros por completo alejados. Los primeros remitían a la "esencia alemana" de la que habla Rudolf Bahro[10]. Había que separar, entonces, y en virtud de la ley natural, unas culturas de otras y privilegiar las que tienen las mejores perspectivas en materia de supervivencia, que son las mejor armadas y las que saben preservar sus recursos[11]. Así las cosas, el destrozo medioambiental generado al calor de las guerras provocadas y protagonizadas por los propios nazis se hizo valer al tiempo que estos últimos, o muchos de ellos, creían estar perfilando un medio natural modélico. La guerra que protagonizaron no solo fue, sin embargo, genocida: fue también manifiestamente ecocida[12].

Importa subrayar, claro es, que la propuesta en cuestión se hallaba volcada al servicio de una raza elegida —ya lo he señalado— que, de la mano de un nacionalismo agresivo, apreciaba en los judíos a los responsables de los desafueros de la civilización industrial y urbana. No solo eso: mostraba un singular empeño en controlar nuevos espacios que, ante todo en la Europa central y oriental, permitiesen garantizar la armonía entre el territorio, por un lado, y el *Volk*, el pueblo, que merecía ocuparlo, por el otro[13]. Se trataba, en particular, de germanizar Polonia, Bielorrusia y Ucrania, a través del exterminio, la expulsión, el traslado de poblaciones, la expropiación y diversas formas de limpieza étnica, y de abrir en consecuencia el territorio correspondiente a la llegada de alemanes[14]. Al fin y al cabo se sobreentendía que los países en cuestión eran una "tierra sin vida"[15]. Rusia no quedaba, por lo de-

8. Musser, 2018: 165.
9. Staudenmaier, 2011a: 27.
10. Biehl, 2011: 70.
11. Biehl, 2011: 84.
12. Staudenmaier, 2011b: 125.
13. Staudenmaier, 2011a: 32.
14. Musser, 2018: 315 y 327.
15. Amery, 2002: 71.

más, al margen del proyecto, como lo demuestran las querencias de Hitler y de Himmler en lo que hace a convertir la estepa local en un hermoso parque germano, al calor de políticas de reforestación y de planificación medioambiental. Los nazis contemplaron la configuración de compactas ciudades alemanas rodeadas por asentamientos agrícolas y por aldeas de corte tradicional[16].

En toda esta trama es muy relevante el concepto de *Lebensraum* (espacio vital). Goebbels señaló que el objetivo de la guerra era garantizar a los alemanes "un gran desayuno, una gran comida y una gran cena"[17], sin que para alcanzarlo, al parecer, importase que los no alemanes muriesen de inanición. Esa promesa de una vida mejor que se circunscribía a los nuestros reclamaba, en palabras de Amery, un "programa asesino que ejecutaría un pueblo superior" y que otorgaría a este "poder y bienestar a través de una agresión permanente, al tiempo que contrarrestaba la limitación de los recursos del planeta mediante el correspondiente sometimiento y diezmo de los pueblos esclavos"[18]. En Hitler se reveló también la defensa de una especie de "destino manifiesto", de un derecho cuya legitimidad no tenía que demostrarse, toda vez que beneficiaba a una raza ontológicamente superior[19]. En la misma estela, Hannah Arendt nos ha recordado que los nazis habían querido "decidir quién debía y quién no debía habitar este planeta"[20]. Entre las consecuencias de la apuesta hitleriana se contaron la autoatribución de una "misión civilizadora"[21], el despliegue de una doble guerra —colonial, contra los eslavos, y anticolonial, contra los judíos[22]—, un culto a las raíces que se asoció con un rechazo xenófobo de quienes no las compartían[23], la degradación de la imagen de las víctimas, a menudo convertidas en opresores, y un visible rechazo de la inmigración acompañado de una obscena

16. Musser, 2018: 316.
17. Snyder, 2015: 14.
18. Amery, 2002: 14-15.
19. Amery, 2002: 42.
20. Citado en Traverso, 2002: 10.
21. Kolata, 2010: 210.
22. Snyder, 2015: 323.
23. Ariès, 2002: 140.

defensa de la eutanasia. De resultas se dieron cita naturaleza y política, ecosistema y hogar, necesidad y deseo[24]. Y en este orden de cosas hay que subrayar que en muchas ocasiones el exterminio, o la marginación, no se justificó sobre la base de las necesidades del capital, sino, antes bien, en virtud de las restricciones que se derivaban de la naturaleza[25].

El espacio vital al que aspiraba Hitler era, por lo demás, una suerte de equivalente continental de la condición del imperio británico. Hitler encontró en Inglaterra, y en otros países del occidente europeo, el modelo que justificó el exterminio de los judíos[26]. La desjudaización era, por otra parte, una forma de eliminar bocas superfluas —vuelvo a Goebbels— y de crear, entonces, un equilibrio entre la población y el abastecimiento de alimentos[27]. Por detrás estaba la idea de que un pueblo en expansión necesita espacio, toda vez que de lo contrario no podrá alimentarse a sí mismo y quedará condenado a la extinción[28]. Alemania debía utilizar la fuerza que le otorgaban los nuevos medios de producción —esto es, la industria— para adquirir medios de producción viejos —la tierra—[29]. Staudenmaier apostilla que a duras penas puede entenderse que los promotores del programa que me interesa eran personas bien intencionadas. En ese programa sobresalían la violencia racista, la represión política y el designio de sacar adelante una dominación militar de carácter planetario[30]. No se hacía valer, en cambio, ningún interés por el origen de los problemas y por los efectos de estos en el escenario social[31], como no se manifestaba ninguna consideración relativa a las causas de la degradación medioambiental. Más cómodo resultaba echar la culpa de esta a los judíos, a los que se presumía desvinculados del suelo patrio y originarios de los desiertos de oriente[32].

---

24. Snyder, 2015: 326.
25. Ariès, 2002: 38.
26. Lindqvist, 2022: 31-32.
27. Lindqvist, 2022: 249.
28. Lindqvist, 2022: 244.
29. Lindqvist, 2022: 242.
30. Staudenmaier, 2011a: 39.
31. Staudenmaier, 2011a: 17.
32. Malm y Zetkin Collective, 2021: 462.

HITLER COMO PRECURSOR

Hay que subrayar que el nazismo surgió del mundo de la modernidad, de la secularización, de la industrialización y de la ciencia. Al respecto parece obligado recordar el carácter inequívocamente moderno del Holocausto judío, estrechamente vinculado con la racionalidad científica. En paralelo —y habrá que repetirlo cuantas veces sea preciso— sobran las razones para aseverar que existen estrechos vínculos entre el nazismo, por un lado, y el racismo y el imperialismo característicos del siglo XIX, por el otro[33]. Zygmunt Bauman ha tenido a bien apuntar que "el Holocausto nació y fue ejecutado en nuestra moderna sociedad racional en un alto estadio de nuestra civilización y en la cima del logro cultural humano, y por esa razón es un problema de nuestra sociedad, civilización y cultura"[34]. Theodor W. Adorno, por su parte, apreció en el nazismo la manifestación de una barbarie "inscrita en el principio mismo de la civilización"[35]. Así las cosas, no fue el del Holocausto un mal momento protagonizado por una sociedad coyuntural y pasajeramente malvada. Su lógica fue la misma que la de la colonización occidental[36], por la que inmediatamente me interesaré. Holocaustos ha habido muchos —dicho sea de paso— en los países del Sur, sin que se les prestase atención ni despuntase, para describirlos, la palabra *genocidio*.

Hitler intentó anticiparse, por otra parte, a una cuestión principal: la relativa a las condiciones que requiere la continuidad de la especie en un planeta limitado. Y procuró hacerlo merced a ese programa asesino ejecutado por un pueblo superior al que se refiere Amery, al amparo de una barbarie modernizada[37]. Tal programa prometía poder y bienestar al pueblo en cuestión, de la mano de una estrategia de agresión permanente que exigía el sometimiento de los pueblos esclavos. Por detrás descollaba un

33. Traverso, 2002: 25.
34. Bauman, 1999: 10.
35. Traverso, 2002: 54.
36. Andrews, 2021: 44.
37. Amery, 2002: 14 y 182.

derecho incontestado de los blancos, una raza superior, a avanzar hasta llegar al último rincón del mundo[38]. Amery apostilla que sería ingenuo concluir que semejante programa debía morir con el Tercer Reich y no tenía posibilidades de reaparecer más adelante, ornamentado tal vez con el brillo y el vocabulario de la ciencia[39]. Al respecto, Auschwitz no fue una mera catástrofe natural sin vínculo mayor con la historia: constituyó, muy al contrario, una anticipación de lo que puede ocurrir de nuevo en el futuro[40]. En esas condiciones el propio Amery subraya que sería un craso error concluir que las políticas que abrazaron los nazis alemanes remiten —ya me he referido a esta idea— a un momento histórico singularísimo, coyuntural y, por ello, afortunadamente irrepetible. El ensayista alemán nos exhorta, antes bien, a estudiar en detalle esas políticas por cuanto pueden reaparecer en los años venideros, no defendidas ahora por ultramarginales grupos neonazis, sino postuladas —ya lo he adelantado también— por algunos de los principales centros de poder político y económico, cada vez más conscientes de la escasez general que se avecina y cada vez más firmemente decididos a preservar esos recursos escasos en unas pocas manos en virtud de un proyecto de darwinismo social militarizado.

Claro es que en relación con el argumento que ahora despliego no sería muy saludable concentrar toda la atención en Hitler y sus crímenes. Por detrás está —lo reitero— la trama del mundo occidental en general. La dominación de este sobre el planeta no surge, o no surge solo, de las revoluciones vinculadas con la ciencia, la industria y la política: se ha levantado sobre la base del genocidio, de la esclavitud y del colonialismo, todos ellos asentados en la supuesta superioridad del hombre blanco y de su racionalidad científica e ilustrada[41]. Esos tres factores permitieron con el paso del tiempo el auge, cierto que relativo, del proletariado revolucionario en los países del Norte y, después, el de los propios Estados del bienestar. En un escenario tan complejo como ese no

38. Amery, 2002: 42.
39. Amery, 2002: 15.
40. Amery, 2002: 181.
41. Andrews, 2021: XIII.

parece en modo alguno injustificada la conclusión de que el ecofascismo bien puede ser una deriva natural de las propias democracias liberales.

EL COLONIALISMO OCCIDENTAL

Acabo de subrayar que malo sería que concentrásemos toda nuestra atención en la Alemania hitleriana. Buena parte de esa atención debe llevársela, ahora mayormente al margen de la discusión ecológica, el colonialismo desplegado por el mundo occidental. Tal y como lo ha recordado Marc Ferro, las sociedades occidentales, generosas en la denuncia de los crímenes del fascismo y del *comunismo* —la cursiva es mía—, han preferido simular que los del colonialismo les han sido ocultados[42]. En el momento en que varios Estados europeos empezaron a considerarse democráticos, en las décadas de 1830, 1840 y 1850, iniciaron llamativamente en los países de ultramar una política de apoyo sistemático a elites reaccionarias que se enfrentaban a quienes reclamaban reformas que podían describirse, de nuevo, como democráticas[43].

El libro de Dierk Walter titulado *Colonial Violence. European Empires and the Use of Force*[44] revela bien a las claras que el control del planeta alcanzado por las potencias occidentales se vio acompañado del despliegue de una violencia extrema. En palabras de Daniel Headrick, "la historia del imperialismo es la historia de la guerra"[45]. De por medio se hicieron valer la intimidación y el chantaje, el secuestro, la apropiación de tierras, la destrucción de hogares y recursos naturales, las expediciones de castigo, la represión brutal de las revueltas, las masacres y el genocidio. El proceso en cuestión se vio amparado por una violencia asimétrica que enfrentó, y enfrenta, al mundo occidental y a muchas comunidades indígenas. En esa violencia se dieron cita el capitalismo

42. Ferro, 2003a: 12.
43. Graeber, 2018: 66.
44. Walter, 2016.
45. Citado en Walter, 2016, "Introduction".

y motivaciones ideológicas varias vinculadas con la religión, con una supuesta misión civilizatoria y con el racismo.

Los ejemplos de lo señalado son, infelizmente, muchos. Ahí está el de la conquista de América, en los casos de las colonizaciones española y portuguesa, pero también en el del exterminio anglofrancés de la población indígena de América del norte. En los tres siglos siguientes a los viajes de Colón la población de Europa creció rápidamente, acaso entre un 400 y un 500 por ciento, mientras la autóctona de América menguaba en un 90-95 por ciento[46]. Si antes de la llegada de los europeos había 25 millones de personas en el actual México, cincuenta años más tarde la cifra se situaba en 2,7 millones. Más de un 90 por ciento de la población indígena desapareció en un siglo, en el buen entendido de que la mayoría de las muertes lo fueron por enfermedades, hambre y condiciones inhumanas de trabajo en un escenario en el que, por añadidura, la organización social de los indígenas había sido desmantelada por los conquistadores[47]. En lo que se refiere a los indígenas de América del norte, en 1891 quedaba un cuarto de millón de pobladores, un 5 por ciento de la cifra originaria[48]. Pero hay que hablar también, claro, del África negra, víctima de la violencia desenfrenada que se hizo valer al calor de la conquista de territorios y, al tiempo, de la esclavitud. El tráfico europeo de esclavos africanos movió nada menos que quince millones de estos, a los que habría que agregar otros tantos fallecidos durante las operaciones de transporte[49]. Los imperios que se asentaron en la segunda mitad del XIX en Inglaterra, Francia, Alemania, Holanda o Rusia procedieron a repartirse África y a dominar muchos espacios en Asia —ante todo el quinto de esos países— y en Oceanía.

Los objetivos de la colonización occidental del planeta recuerdan inequívocamente a los previsibles en el caso del ecofascismo. Estoy pensando en la supeditación de los recursos económicos a los intereses del colonizador, en la apropiación de las materias

46. Lindqvist, 2022: 178; Danowski y Viveiros de Castro, 2021: 104.
47. Lindqvist, 2022: 179.
48. Lindqvist, 2022: 183.
49. Lindqvist, 2022: 252.

primas, en la expansión de proyectos extractivistas, en la explotación, naturalmente, de la mano de obra indígena o en la supresión de las economías locales en provecho de otras claramente volcadas al servicio de la metrópoli. Poco importaba que los representantes de la civilización occidental fuesen por lo común piratas y bandidos: esta circunstancia facilitaba, antes bien, que pudiesen hacer lo que deseasen, al amparo de una destrucción devastadora de las poblaciones nativas desplegada a través de una violencia fuera de control[50]. De por medio se hicieron valer los efectos de determinados rasgos de las metrópolis coloniales, como es el caso de la presencia de Estados modernos y razonablemente estables, de una notable capacidad de movilización de recursos, del conocimiento general de las reglas de la expansión occidental, del control ejercido sobre los mares, de un sistema militar profesionalizado, de la superioridad de medios de transporte, comunicaciones y armas, del aprestamiento de las más dispares técnicas de construcción o de la disposición, en fin, de aliados entre la población[51]. La colonización tuvo, de cualquier modo, consecuencias desastrosas para los ecosistemas humanos. Como tal, se enfrentó a las formas tradicionales de uso de la tierra y procuró ejercer un control absoluto sobre los bosques, los ríos y los lagos[52]. Cierto es, con todo, que las guerras imperiales normalmente aspiraron a acrecentar el dominio, la explotación y el despliegue de determinadas fórmulas de modernización, y no a alentar el exterminio propiamente dicho de las poblaciones afectadas. Ello fue así tanto más cuanto que la explotación en cuestión reclamaba con frecuencia la pervivencia de las poblaciones indígenas.

LOS FUNDAMENTOS CONCEPTUALES DE LA COLONIZACIÓN

Varios fueron las fundamentos conceptuales del proceso colonizador. Entre ellos menudearon los argumentos de carácter

50. Lindqvist, 2022: 197.
51. Walter, 2016: "Conclusion".
52. Whyte, 2020: 85.

biológico, como el que subraya que las especies que se han expandido en áreas grandes se han visto obligadas a reducir la presencia, o a erradicar por completo esta, de otras especies, de la misma forma que han tenido que luchar contra plantas y animales intrusos[53]. La expansión tecnocientífica colocaba al hombre blanco, por otra parte, en la mejor de las posiciones para dominar la naturaleza. De resultas, ese hombre blanco debía hacerse con el control de las regiones ocupadas por los pueblos menos avanzados[54]. Mientras estos, en suma, eran víctimas de un secular estancamiento, las sociedades occidentales no habían dejado de progresar en el terreno tecnológico[55]. El círculo se cerraba, como cabía esperar, con una obscena ratificación de las reglas de la sociedad patriarcal.

A duras penas sorprenderá que en percepciones como las recién glosadas se revelase un franco racismo, cuyas manifestaciones eran varias. Así, se aducía que el hecho de que los indígenas muriesen al calor de la colonización demostraba que pertenecían a una raza inferior en un escenario en el que las leyes del progreso exigían que se les dejase morir. En el mejor de los casos, y desde posiciones más humanitarias, se estimaba que había que dejarlos vivir para trasladarlos, eso sí, a lugares distantes y permitir que sus tierras fuesen empleadas por los colonizadores[56]. Por detrás despuntaba una distinción entre clases superiores e inferiores, con el establecimiento paralelo de cuáles de entre estas eran asimilables[57]. Se entendía que los habitantes de las sociedades colonizadas, perezosos, ingratos y poco fiables, ni eran seres humanos ni disponían de una cultura merecedora de tal nombre[58]. Y se concluía que la erradicación de los humanos inferiores reduciría sensiblemente las diferencias raciales, de tal forma que el mundo sería gobernado por una única raza de perfil razonablemente homogéneo[59]. La violencia que, inequívocamente, era el corolario de

53. Lindqvist, 2022: 187.
54. Michael Adas, citado en Coquery-Vidrovitch, 2003: 899.
55. Ferro, 2003a: 35.
56. Lindqvist, 2022: 184.
57. Ferro, 2003a: 34.
58. Ferro, 2003a: 36-37.
59. Lindqvist, 2022: 215.

todo lo anterior se justificaba, en suma, de muy diversas maneras. Al respecto se mencionaba, por ejemplo, el carácter fanático y agresivo del enemigo, situado este por completo al margen de lo que significaban los derechos humanos y los códigos del honor. A menudo se describían las guerras imperiales como ejercicios humanitarios llamados a expandir el cristianismo, la civilización, el libre comercio, la libertad o la democracia[60], en franca ignorancia, del lado occidental, de las condiciones características de los países escenario de esas guerras.

Conviene subrayar que el colonialismo es un fenómeno que ha llegado hasta hoy. En las últimas décadas ha perseverado a través de la condición de Estados que, formalmente beneficiados por la descolonización, siguen dirigidos, en los hechos, desde el exterior[61]. El imperio de las transnacionales contemporáneas y muchas de las tramas ocultas tras la *ayuda al desarrollo* invitan a establecer, también, una firme línea de continuidad entre el colonialismo de otrora y la lógica globalizadora de las últimas décadas. El escenario bien puede ser el propicio, entonces, para el despliegue de una "solución final" de escala planetaria.

LA EXTREMA DERECHA CONTEMPORÁNEA

Ya he señalado que mi consideración del fenómeno ecofascista no remite a una realidad que se origina en el seno de la derecha más extrema, sino, antes bien, a una propuesta y una conducta que se perfilan en algunos de los estamentos de poder más asentados. Pese a ello, creo que tiene sentido que me refiera, por un lado, a las percepciones comunes durante mucho tiempo, en lo que hace a la cuestión ecológica, en esa derecha y, por el otro, a los cambios que en algunos casos han ido experimentando en los últimos años. La tarea parece tanto más justificada cuanto que ya he apuntado que una parte del acervo que manejan los estamentos de poder

60. Walter, 2016: "Conclusion".
61. Ferro, 2003a: 34.

mencionados es, o puede ser, el producto de un corrimiento del sistema político, considerado como un todo, en provecho de posiciones cada vez más montaraces.

Lo que se suele entender por extrema derecha ha sido comúnmente negacionista, como lo atestiguan la afirmación de que el cambio climático ha existido siempre o la conclusión de que aparecerán inexorablemente nuevas fuentes de energía. Esa cosmovisión, o esas cosmovisiones, se ha hecho eco con frecuencia del discurso promovido por algunas grandes empresas, ha criticado agriamente la condición de muchos científicos que interpreta que se han dejado seducir por el discurso *progresista*, ha afirmado con rotundidad que las demandas que llegan del mundo ecologista alteran el buen funcionamiento de la economía, provocan subidas indeseables en los impuestos y alientan la inmigración ilegal, y ha rechazado un buen número de tratados internacionales que acarrean agresiones —se dice— contra la soberanía nacional. De resultas, la ecología como tal se percibe como un producto camuflado que tendría su origen en la *extrema izquierda* y que nacería del empeño de difundir manipulaciones y falsedades. Desde esta atalaya, el cambio climático —el *camelo* climático—, y con él la crisis ecológica, sería una invención de la izquierda de siempre que habría perdido el paso tras el hundimiento de los sistemas de tipo soviético y desearía recuperar protagonismo[62].

La percepción que acabo de glosar se vería acompañada de críticas agrias al *establishment*, como las vertidas en su momento por el expresidente norteamericano Trump. Quienes enuncian esas críticas sobreentienden que son siempre las víctimas, nunca los culpables, de un sinfín de desafueros. La fórmula en algo recuerda a un hábito de pensamiento propio de muchas personas que disfrutan de grandes fortunas y se consideran víctimas inocentes, sin embargo, de las políticas fiscales que despliegan los Gobiernos[63]. Al amparo de esa percepción no faltan, en suma, fintas llamativas. Recuérdese, sin ir más lejos, que Santiago Abascal,

62. Véase Sussman, 2012, citado en Malm y Zetkin Collective, 2021: 288.
63. Malm y Zetkin Collective, 2021: 493.

el líder de Vox, partido español de extrema derecha, señaló en su momento, con aparente humildad, que no dejaba de ser arrogante la afirmación de que el ser humano puede alterar el clima del planeta[64]. En un orden de cosas parecido —ya me he referido a ello—, en fuerzas políticas como la recién mencionada no es infrecuente que se revele una defensa de los derechos de las mujeres cuando de por medio se hallan las agresiones contra esos derechos que se atribuyen al islam. O que se sugiera que la responsabilidad mayor en lo que toca a pavorosos incendios forestales cabe atribuirla a las medidas de restricción adoptadas en el terreno medioambiental[65].

Pero ya he anotado que en muchas, o al menos en algunas, de estas fuerzas políticas parecen haberse registrado cambios incipientes en lo que atañe a la cuestión ecológica. Así, y al amparo de una suerte de "ecología patriótica", Marine Le Pen, la máxima responsable del Frente Nacional francés, sostiene que el proteccionismo y la defensa de la producción propia es el mejor antídoto frente a la emisión de gases de efecto invernadero[66]. En paralelo, y sin que mengüe el respaldo que sigue mereciendo el *business as usual*, y sin renunciar al tiempo, claro, a la idea de que la economía no debe parar ni reformarse, estas fuerzas acaso han tomado nota de que no faltan estamentos significados del orden del capital

64. Malm y Zetkin Collective, 2021: 11. A diferencia de lo que ocurre en Alemania, en el caso de la extrema derecha española apenas se aprecia una inquietud ecológica, y ello tanto en lo que se refiere al ayer como al hoy. Vox, sin ir más lejos, se adhiere a un nacionalismo español ranciamente preocupado por la identidad nacional, la lengua y la inmigración ilegal, defensor del catolicismo, la familia, la monarquía y un centralismo aberrante, y enemigo del feminismo y de los matrimonios conformados por personas del mismo sexo. En su discurso lo único innovador con respecto al pasado es un neoliberalismo que, por cierto, casa mal con las tradiciones patrias. Applebawm sostiene, con buen criterio, que lo de Vox no es, por lo demás, un programa, sino una identidad que reclama unidad, armonía y tradición, que pretende representar las querencias del pueblo llano y que concluye que los únicos disidentes objeto de represión son los militantes y simpatizantes de ese partido. Así las cosas, lo del ecofascismo, un proyecto que reclama elaboración y complejidad argumental, a duras penas encaja con la propuesta de Vox, cuyos militantes acaso aprecian en él una mercancía de *progres* que han engullido las miserias del *camelo* climático. En un terreno distinto, parece lícito adelantar que en el caso español, y en otros, algunas modalidades de un incipiente misticismo por completo alejado de la consideración de los problemas sociales parecen situarse en posiciones próximas a las del ecofascismo. Véase Applebawm, 2020: 124.
65. Malm y Zetkin Collective, 2021: 490.
66. Malm y Zetkin Collective, 2021: 134.

propensos a aplicar un lavado ecológico —lleno, naturalmente, de equívocos— a su conducta[67]. De resultas, determinadas modulaciones del discurso de la extrema derecha se estarían dejando seducir por la idea de que no está de más convertir la ecología en un negocio y emplearla como herramienta llamada a permitir que las reglas del juego no cambien.

Cierto es que sobre el mundo ahora objeto de mi interés se hace valer la influencia de otras dos discusiones muy relacionadas entre sí. La primera no es sino la vinculada con las migraciones y se manifiesta ante todo en una inquietud ante la presencia creciente, en el mundo occidental, de minorías foráneas, y fundamentalmente de poblaciones musulmanas. La derecha extrema no oculta una hostilidad cerril contra los inmigrantes (los "nómadas" de los que habla Marine Le Pen)[68], que en muchos casos se entiende que son responsables del deterioro del medio natural y que configuran una creciente amenaza demográfica. Si no estuvieran presentes —parece aducirse—, los problemas ecológicos serían sensiblemente menores. Posiciones como esta guardan una relación frecuente con determinadas manifestaciones de la llamada *ecología profunda*, defensora en ocasiones de un discurso nacional y nacionalista que, de nuevo, percibe agresiones protagonizadas por las minorías foráneas. Al calor de algunas de esas manifestaciones, la naturaleza se relacionaría estrechamente, entonces, con la nación propia, objeto de agresiones varias que llegan siempre de fuera[69]. Para el *nacionalismo verde*, que no niega la crisis ecológica, proteger a la población blanca es proteger al tiempo la naturaleza[70]. Desde estas posiciones es frecuente, por otra parte, que se estime que la religión *autóctona* está sometida a agresiones generadas por las poblaciones foráneas, sin que, en cambio, y eso sí, se registre ninguna contestación de la acción de los capitales también autóctonos... Aunque ya he señalado que en las últimas décadas lo común en el mundo occidental es que todas estas desgracias, o la mayoría de

67. Malm y Zetkin Collective, 2021: 30.
68. Malm y Zetkin Collective, 2021: 136.
69. Malm y Zetkin Collective, 2021: 140.
70. Malm y Zetkin Collective, 2021: 154.

ellas, se atribuyan a las poblaciones musulmanas, hay que certificar el ascenso, más reciente, de una creciente sinofobia que, acaso estimulada por la pandemia, se despliega con la competición comercial en la trastienda. Recuérdese al respecto la afirmación, frecuente, de que el cambio climático es una interesada invención china orientada a reducir la competitividad de los productos estadounidenses o europeooccidentales[71]. Y hay, en fin, motivos para augurar un eco cada vez mayor de la naciente rusofobia.

La segunda discusión que anunciaba se ocupa, de manera más general, de los problemas demográficos. En su concreción más común en el mundo de la derecha extrema suele traducirse en una invitación a frenar el crecimiento de la población o, para decirlo mejor, el de la población foránea, de la mano de un código que no puede sino recordar a elementos centrales del ecofascismo. Y ello en una doble dimensión: si en unos casos la propuesta se contenta con obstruir la entrada de poblaciones que llegan del exterior, o con expulsar a las ya radicadas, en otros apunta a imponer medidas de control demográfico en los países de origen de esas poblaciones. De nuevo se hace evidente que desde esta percepción, que identifica agresiones medioambientales e invasión demográfica, no hay que atribuir responsabilidad alguna en la deriva de los hechos, pese a todas las evidencias, al mundo occidental y a su acción depredadora en los países del Sur. Estos parecen enviar emigrantes por mero capricho o por efecto de cosmovisiones deleznables como las que beberían del islam.

Así las cosas, lo que a la postre se nos dice es que la respuesta, urgente, debe consistir en identificar, detener y deportar a los inmigrantes[72], sobre la base de la intuición de que la causa mayor del cambio climático no es otra que el crecimiento demográfico registrado en el Oriente Próximo, África y América Latina[73]. Curioso es que los escenarios geográficos mencionados poco tengan que ver, sin embargo, con el cambio climático en curso, a diferencia de lo que cabe predicar de Estados Unidos, de la Europa occidental o de

71. Malm y Zetkin Collective, 2021: 202.
72. Malm y Zetkin Collective, 2021: 146.
73. Malm y Zetkin Collective, 2021: 157.

Japón. No solo eso: cuando un país ha asumido medidas de encaramiento de los problemas ecológicos lo habitual es que haya experimentado al tiempo un freno en su tasa de fertilidad[74]. La conclusión parece servida: el discurso que me interesa estima que las potencias occidentales deben porfiar en una huida hacia adelante en provecho del crecimiento y del consumo de combustibles fósiles, dos fenómenos visiblemente desbocados, sin adquirir ningún compromiso en lo que hace a la resolución de los problemas ajenos. En ese contexto es fácil entender muchas de las medidas asumidas, y en su caso desarrolladas, por Donald Trump durante su presidencia en Estados Unidos, y entre ellas el desprecio por las energías renovables —a menos que sean, ciertamente, un interesante negocio—, la ratificada apuesta por el *fracking*, la explotación de nuevos yacimientos de petróleo, las posibilidades de aprovechamiento enloquecido de los recursos del Ártico, la construcción de nuevos oleoductos, la privatización de tierras de las poblaciones indígenas nativas, el despliegue de agresiones brutales contra los parques naturales, el aprestamiento de un muro en la frontera con México y las severas restricciones aplicadas en lo que atañe a la entrada en el país de creyentes musulmanes[75]. Por no hablar, claro, de la certeza de Trump en lo que se refiere a la inagotabilidad de las materias primas más dispares y de su actitud ante los acuerdos internacionales relativos al cambio climático. En la trastienda ha despuntado siempre el *América primero*, sin ningún designio de preguntarse, de nuevo, por los problemas de los demás. En lo que respecta al presidente norteamericano, y por añadidura, ha sobresalido también una aceptación inequívoca de que hay *razas* distintas que han modelado, con muy diferentes fortunas, la historia de la humanidad[76]. Baste con recordar las reiteradas declaraciones de Trump contra los inmigrantes mexicanos, tildados a menudo, y por ejemplo, de "violadores".

A efectos de deshacer equívocos, creo que no está de más que añada que, pese a las apariencias que se derivan de muchas de las

74. Malm y Zetkin Collective, 2021: 173.
75. Malm y Zetkin Collective, 2021: 182-183, 189 y 194.
76. Malm y Zetkin Collective, 2021: 55.

posiciones públicas de Trump, a duras penas cabe entender que este es, en plenitud, un negacionista. El Trump empeñado en negociar con Dinamarca para adquirir Groenlandia en provecho de Estados Unidos era, con toda evidencia, un responsable político y empresarial muy consciente del agotamiento de materias primas vitales...

III. UNA ESTACIÓN INTERMEDIA: LA PANDEMIA

El propósito de este capítulo no es sopesar los perfiles de la pandemia que se abrió camino en la primavera de 2020. Carezco de conocimientos para hacerlo y en modo alguno deseo sumarme al carro de los seudoexpertos que han proliferado en los últimos años. El objetivo de este texto —creo que lógico— estriba en analizar, antes bien, qué es lo que pandemia en sí y, más aún, las diversas respuestas que ha suscitado nos dicen en relación con un futuro eventualmente ecofascista. Al respecto procuraré examinar materias como el relieve asignado a la pandemia en cuestión, su condición de clase, las resistencias que acaso ofrecen las sociedades comunitario-tradicionales, el papel desempeñado por la institución Estado, el despliegue de un formidable ejercicio de servidumbre voluntaria o, en fin, y por dejarlo ahí, las miserias que se han revelado en los medios de comunicación. Creo que salta a la vista, de cualquier modo, que el desarrollo de ese ejercicio reclama contestar muchas de las visiones oficiales de los hechos, comúnmente cargadas de vaguedades y contradicciones.

EL RELIEVE DEL COVID-19

En el momento en que estas líneas se escriben, en el verano de 2022, no es sencillo calibrar el relieve que conviene atribuir a la pandemia que me ocupa. No faltan los expertos que concluyen que se ha exagerado el carácter letal del COVID-19, circunstancia a buen seguro propiciada por la naturaleza novedosa de un agente que, sin embargo, ha resultado ser mucho menos mortal que la llamada *gripe española* de un siglo atrás. Conviene recordar que la malaria se lleva la vida de 400.000 niños cada año en los países del Sur, y que la tuberculosis mata anualmente, en esos países, a un millón y medio de seres humanos. Hablo de escenarios geográficos en los que se revelan enfermedades que no suelen suscitar, por añadidura, la pronta búsqueda de vacunas. Por no referirme, claro, a las consecuencias del hambre, que según Andrews se lleva cada año a nueve millones de personas, una vez más, y de manera claramente mayoritaria, en los países del Sur[1].

Si al respecto del COVID-19 se han hecho valer demasiadas comparaciones, acaso poco afortunadas, con la gripe común, han despuntado demasiado pocas, en cambio, con los fallecidos de resultas del cambio climático y con los desplazados por efecto de fenómenos atmosféricos extremos[2]. La energía que tantos Gobiernos han mostrado a la hora de enfrentar la pandemia contrasta, por lo demás, y en paralelo, con los escasos esfuerzos que dedican a encarar el cambio climático recién mencionado. A buen seguro que por detrás ha operado en un grado u otro la inferencia de que este último castiga con mucha mayor fuerza a los países del Sur, en tanto la pandemia lo hace a los del Norte. Al tiempo, y sin embargo, parece olvidarse que el cambio climático ha llegado para quedarse y que otro tanto no puede decirse, o no puede decirse con la misma certeza, en lo que hace al COVID-19.

En otro terreno, lo suyo es recordar que en los últimos años ha cobrado vigor una manifiesta idealización de lo que había antes de la pandemia, como si esa realidad anterior estuviese cargada de normalidad y de felicidad. Todos los esfuerzos se encaminaban a recuperar esa miseria, que se interpretaba que había sido interrumpida por una circunstancia, el coronavirus, anómala y fuera de la lógica causal de la historia humana. A tono con esa

1. Andrews, 2021: XI.
2. Malm, 2020: 14.

percepción, ninguna de las medidas asumidas por los Gobiernos para hacer frente al COVID-19 apuntaba a perfilar economías más justas y *sostenibles*. Su único propósito era mantener las reglas del juego tal y como se habían perfilado antes de la pandemia[3], cuando no, y en su caso, agudizar sus trazos negativos. En semejante marco, y para cerrar el círculo, a duras penas sorprenderá que los Gobiernos en cuestión invocasen una y otra vez lo delicado del momento para solicitar que la población cerrase filas, para reclamar una sumisión sin fisuras y para cancelar las disensiones, todo ello de la mano de lo que a menudo era un lenguaje bélico y represivo. Una y otra vez, también, se negaron a reconocer las limitaciones propias, los posibles efectos negativos de muchas de las medidas adoptadas, la improvisación de la que se hizo uso, las manipulaciones frecuentes de los datos —si unas veces interesaba subrayar una cifra alta de muertes, en otras era preferible rebajarla u ocultarla— y las presiones recibidas[4]. Su apuesta lo fue, siempre, por las explicaciones simples, acompañadas de una constante invocación, abstracta y general, del peso de la ciencia.

CLASES, GEOGRAFÍA

Muchas veces se ha señalado que el COVID-19 ha tocado por igual a ricos y a pobres. Aunque la afirmación algo tenga de verdad, salta a la vista que los efectos del coronavirus sobre unos y otros han sido, y son, muy dispares. Bastará con recordar, por lo pronto, que las tasas de contagio han resultado ser mucho más altas en los barrios populares de las ciudades, en los que se hacen valer las consecuencias del hacinamiento, de la precariedad de los servicios —y entre ellos los médicos— y de la obligación de acudir a trabajar[5]. Las víctimas mayores han sido los pobres, las poblaciones vulnerables y también, y a menudo, las personas migrantes y las

3. Whyte, 2020: VII-VIII.
4. Francés, Loayssa y Petruccelli, 2021: 228.
5. Francés, Loayssa y Petruccelli, 2021: 242.

integrantes de minorías étnicas[6], con los ancianos pertenecientes a todas estas categorías en primer plano. Según una estimación, la población negra estadounidense debió encarar un riesgo de fallecer por efecto de la pandemia dos veces y media superior al que tuvo que afrontar la población blanca[7]. Las circunstancias no parecieron ser muy diferentes en el caso de los latinos, en detrimento, claro, de estos. Resulta indiscutible, en suma, que hay enormes diferencias entre un confinamiento en una mansión con jardín —a menudo situada en barrios blindados— y otro registrado en los suburbios de tantas ciudades[8].

Pero la pandemia ha tenido también consecuencias gravosas sobre la condición de muchas mujeres, castigadas por una violencia creciente y por una carga mayor de trabajo. Al caso de las mujeres hay que añadir el que refiere la delicada situación de las personas presas, víctimas de un encierro dentro de otro encierro[9]. Y hay que identificar, de manera más general, un deterioro de la posición de muchas gentes olvidadas e invisibilizadas. "Personas sin hogar, personas con problemas de salud mental, personas presas, niños y niñas, trabajadoras sexuales, migrantes, racializadas, precarizadas, desahuciadas, drogodependientes..."[10]. Para que nada falte, y de la mano de una norma que parece revelarse en todo el planeta, hoy sabemos que al calor de la pandemia los ricos son más ricos y los pobres más pobres.

El panorama se cierra con la certificación de que son numerosas las señales de que la gestión de la pandemia ha colocado en primer plano, en muchos escenarios, los intereses empresariales, obscenamente promocionados por los Estados. El cierre, o la interrupción parcial de la actividad, de muchas empresas ha suscitado, por lo demás, polémicas que han enfrentado a quienes defendían uno y otra por razones, más o menos solventes, de salud pública y quienes, por lo común *liberales* que al amparo de una

6. Andrews, 2021: X.
7. Tamara San Miguel y Eduardo J. Almeida, en Zibechi *et al.*, 2021: 87.
8. Fusaro, 2021: 155.
9. Francés, Loayssa y Petruccelli, 2021: 260.
10. Francés, Loayssa y Petruccelli, 2021: 302.

supuesta defensa de la libertad solo parecían pensar en sus negocios, se oponían a esas medidas. De por medio se manifestaban fenómenos como la expansión del teletrabajo, que ha permitido un fortalecimiento de los instrumentos de control, la disolución de la distinción entre lugar de trabajo y vivienda, el aislamiento de los afectados, un creciente individualismo y, en fin, la cancelación de muchas formas de intervención colectiva. Y se revelaban, claro, los intereses de las empresas farmacéuticas —volcados ante todo en el formidable negocio que ha supuesto la comercialización de las vacunas—, de las que proporcionan tecnologías al sistema sanitario y de las que hacen lo propio con el educativo. Igual no está de más añadir que nada de lo ocurrido con ocasión de la pandemia ha sido plenamente *natural*. Al fin y al cabo el propio COVID-19 parece haber sido una consecuencia de saltos zoonóticos vinculados con determinadas prácticas de la agroindustria. En la trastienda está el riesgo de proliferación de virus que, fuera de control, son resultado del cambio climático, de la deforestación o de las macrogranjas[11], sin que quepa descartar, cierto es, la posibilidad de accidentes en los laboratorios.

La dimensión de clase que acompaña a muchas de las manifestaciones de la pandemia y de su tratamiento se ve completada, aun así, con una singular escenificación geográfica. A diferencia de lo ocurrido al calor de muchas de las grandes pestes del pasado[12], los efectos del COVID-19 se han hecho sentir con mayor vigor en Europa y en Estados Unidos, lugares en los que residen poblaciones más envejecidas que mostraban una mayor presencia previa de enfermedades, y en particular de afecciones respiratorias o pulmonares[13]. Las secuelas parecen haber sido más livianas, en cambio, en África y Asia[14]. Una de las explicaciones principales al respecto es fácil de intuir: "En los países pobres la gente con enfermedades crónicas o con padecimientos respiratorios o pulmonares muere masivamente como consecuencia de la combinación

11. Francés, Loayssa y Petruccelli, 2021: 66.
12. Francés, Loayssa y Petruccelli, 2021: 116.
13. Francés, Loayssa y Petruccelli, 2021: 117.
14. Francés, Loayssa y Petruccelli, 2021: 240.

de tales dolencias con problemas de desnutrición y de escasez o de la inexistencia de tratamientos médicos adecuados (vacunas, aparatos respiratorios, antibióticos, etc.). Al ingresar en estos países, el COVID-19 halla pocas víctimas potenciales"[15]. Cierto es que al panorama de los escenarios marcados por la pobreza hay que agregar otros datos. Así, el riesgo de una expansión del hambre derivada de las medidas arbitradas para hacer frente al COVID-19 puede acompañarse de una extensión paralela de las enfermedades infecciosas en un marco en el que las medidas policial-represivas han tenido una presencia muy notable, en cualquier caso, en los países del Sur. Al margen de lo anterior, la insularidad y el aislamiento han sido también, claro, frenos para la expansión de la pandemia. Otros factores importantes son, a buen seguro, la densidad de población y el hacinamiento en las ciudades, así como los hábitos de higiene y las formas de relación social[16].

LAS DEFENSAS DE LAS SOCIEDADES COMUNITARIO-TRADICIONALES

Me permito rescatar en estas páginas, remozado, un texto que incluí en 2021 en un libro titulado *Iberia vaciada*. En su esencia obedecía, y obedece, al objetivo de subrayar cómo, ante el escenario de la pandemia, las sociedades comunitario-tradicionales aportan respuestas sugerentes. Un artículo publicado a principios de mayo de 2020 en el diario barcelonés *La Vanguardia*, y firmado por Joaquín Luna, procuraba explicar por qué Portugal y Grecia mostraban en aquel momento niveles de incidencia y de letalidad del COVID-19 sensiblemente menores que los registrados en otros escenarios[17]. Al efecto se citaba un dato revelador: mientras en esas fechas en la Extremadura española, con 1.060.000 habitantes, habían muerto casi quinientas personas como consecuencia

15. Francés, Loayssa y Petruccelli, 2021: 117.
16. Francés, Loayssa y Petruccelli, 2021: 118-119.
17. Véase https://www.lavanguardia.com/internacional/20200503/48924267392/los-aciertos-de-grecia-y-portugal.html.

de la pandemia, en el vecino Alentejo, en Portugal, con 760.000 pobladores, se había computado un único fallecimiento. El dato daba que pensar, tanto más cuanto que hablamos de dos espacios geográficos limítrofes y, por muchos conceptos, similares.

Confesaré que a la hora de encarar la discusión correspondiente no me interesan mayormente la habilidad y la sabiduría, presuntas o reales, de los gobernantes. Mi propósito es prestar atención, antes bien, a dos hechos —intuyo que relacionados entre sí— que aparecen mencionados en el artículo que gloso y que a buen seguro merecen una reflexión más sesuda que la que acometo en estas líneas. Entiendo que el primero de esos hechos se manifiesta por igual en Portugal y en Grecia o, para ser más preciso, en buena parte de los territorios respectivos. Me refiero a la presencia, muy liviana, de un fenómeno, las residencias de la tercera edad, más bien desconocido, y en cualquier caso preterido, en las sociedades marcadas por códigos comunitario-tradicionales. En esas sociedades lo habitual es que ancianos y ancianas vivan y mueran en casa, junto a sus familiares, a menudo con una ingente sobrecarga de tareas a hombros de las mujeres, de tal suerte que el escenario resulta mucho menos permeable a la catástrofe que se abrió camino en España, en Italia, en Francia o en el Reino Unido.

El segundo de los hechos que anticipaba, muy llamativo, es el recelo que los hospitales suelen provocar en muchas de las personas, y singularmente entre la gente de edad, que habitan en esas sociedades comunitario-tradicionales que acabo de mencionar. Parece que, en virtud de una excelsa paradoja, cuanto más débil es un sistema sanitario —y el portugués y el griego lo son, al menos en términos comparativos—, mayor es la posibilidad de que la gente, espontáneamente, se autoconfine y reduzca, eficientemente, los riesgos. Entre tanto, y en paralelo, mayor se antoja la probabilidad de que los países que disponen de sistemas sanitarios más desarrollados presuman, con mal criterio, de sus ingentes capacidades para encarar sin mayores contratiempos problemas que, al cabo, y sin embargo, se desbordan.

En lo que hace a una discusión como la anterior ni puedo ni quiero llegar a ninguna conclusión definitiva. Mi intuición, aun así, es que una de las explicaciones centrales de por qué la pandemia no se expandió, como se anunciaba, en África remite, ciertamente, a un hecho fácil de identificar como es una edad media de la población sensiblemente menor que la que se registra en Estados Unidos, en la Unión Europea o en Japón. Pero no es acaso menor el relieve que corresponde a la condición comunitario-tradicional de muchas de las sociedades africanas. Las paradojas consiguientes se ven completadas con lo que invita a concluir el resultado de un estudio sobre China difundido por la revista *Forbes*. Según ese estudio, la reducción en la contaminación derivada del retroceso de la actividad económica producto del COVID-19 había permitido salvar 77.000 vidas, una cifra que casi multiplicaba por veinte el de los muertos oficialmente reconocidos, en la primavera de 2020, por las autoridades chinas en relación con el coronavirus[18]. No es este mal lugar para recordar que en las semanas iniciales de los confinamientos se registraron en el planeta un significativo, y venturoso, retroceso en la contaminación, una reducción en el consumo de combustibles fósiles y un freno brutal en lo que atañe al activo proceso de turistificación registrado en las décadas anteriores. Pena que nadie con poder tomase nota de lo ocurrido.

ESTADO Y REPRESIÓN

La gestión de la pandemia no ha hecho sino fortalecer la institución Estado, claro que —ya lo he señalado, y como suele ocurrir— antes al servicio del capital que al del bienestar general. No hay mejor demostración de lo anterior que el respaldo dispensado por el Estado a la iniciativa privada a través de la inyección de cuantiosos recursos públicos en la industria farmacéutica y de una tolerancia extrema ante las imposiciones, los incumplimientos y los caprichos de esta última. El regreso del Estado, ahora adobado del aura del conocimiento científico[19], se ha traducido en una primacía absoluta de las

18. Véase https://bit.ly/3OrMD8r.
19. Krastev, 2022: 9.

medidas oficiales, de tal suerte que ningún espacio ha quedado para la acción y la solidaridad ejercidas desde abajo. Y se ha visto acompañado en ocasiones de una patética competición entre países, o entre comunidades, encaminada a dirimir quién era más eficiente en la lucha contra el COVID-19. Más allá de todo lo anterior, y como habrá que subrayar más adelante, los Estados han propiciado medidas y entornos legales que, de carácter inicialmente excepcional, en muchos casos parecen llamados a quedarse.

Pero la concreción mayor de la acción del Estado durante la pandemia ha asumido la forma de una ambiciosa apuesta de carácter represivo, auspiciada por un lenguaje de contenido militar[20]. No se olvide que el discurso médico-inmunológico hace comúnmente uso de un lenguaje bélico que enfrenta a las fuerzas del bien (la salud) y a las del mal (el virus)[21]; también las plagas del pasado se recuerdan con frecuencia como manifestaciones de una guerra[22]. Carl Amery ha recordado que el lenguaje metafórico de Hitler "se centra en lo clínico, cabría decir en lo epidemiológico. Los pueblos están 'infestados'; doctrinas extranjeras penetran y se adentran cual 'bacilos' en el 'saludable cuerpo del pueblo': la eugenesia deja de ser terapia de consulta o práctica quirúrgica para convertirse en un gigantesco hospital de campaña en el que los infestados candidatos a la muerte yacen entre sanguinolentos vendajes y miembros amputados"[23].

En una de sus dimensiones principales la guerra que me ocupa acarreó una imitación del modelo de restricciones a la movilidad y a la vida social aplicado en China. De por medio se hicieron valer los confinamientos domiciliarios, desplegados sin pruebas reales de su eficacia y sin medidas precisas que permitiesen adaptar a escenarios singulares el patrón general. Cobraron cuerpo también confinamientos perimetrales, con las secuelas esperables en materia de restricciones de derechos y libertades, y sin

20. Recuérdese la parafernalia militar-policial que exhibieron durante semanas las ruedas de prensa de los responsables de la lucha contra el COVID-19 en España.
21. Fusaro, 2021: 127.
22. Krastev, 2022: 6.
23. Amery, 2002: 57.

pruebas, de nuevo, de su utilidad. Se instituyeron medidas de distanciamiento social y, con ellas, la clausura de escuelas, la prohibición de reuniones públicas, las restricciones que han afectado a la hostelería y al comercio —una vez más sin pruebas fehacientes de su utilidad—, y los cierres de fronteras. Ganaron terreno normas muy estrictas en lo que hace a las mascarillas, las vacunas y los llamados *pasaportes COVID*. En lo que atañe a las vacunas, y por cierto, menudearon las disputas relativas a su utilidad, a su capacidad para frenar la transmisión y a los controles previos que habían dado alas a su empleo. Más allá de todo lo anterior, y en lugar principal, se estimularon la delación y, con ella, los controles sociales horizontales[24].

UN FORMIDABLE EJERCICIO DE SERVIDUMBRE VOLUNTARIA

Efecto mayor de todo lo reseñado fue la consolidación de un formidable ejercicio de servidumbre voluntaria. En su origen ha estado, claro, un miedo general que en un grado u otro ha sido alimentado por los gobernantes y se ha hecho acompañar de preocupación, de impotencia, de una franca sensación de vulnerabilidad[25] y de temor hacia lo desconocido. Hablo de un miedo a enfermar, a contagiar y a morir, a ser sancionado y a ser descrito, en fin, como irresponsable o negacionista[26]. El miedo —téngase presente— facilita el control autoritario, propicia el despliegue de fórmulas de vigilancia y permite reducir los derechos[27]. Cierto es, sin embargo, que su eficacia no puede mantenerse permanentemente[28].

Desde los estamentos dirigentes, la presencia, muy consistente, del miedo ha permitido entronizar la idea de protección, una protección que dispensaría el Estado y que reclamaría renunciar,

24. Francés, Loayssa y Petruccelli, 2021: 286.
25. Francés, Loayssa y Petruccelli, 2021: 184.
26. Francés, Loayssa y Petruccelli, 2021: 218.
27. Dodsworth, 2021: 267.
28. Dodsworth, 2021: 146.

una vez más, a derechos y libertades, y aceptar, sobre uno mismo, pero ante todo sobre los demás, el ejercicio de formas dispares de represión. Al cabo lo que ha adquirido carta de naturaleza en muchos escenarios ha sido una eficiente combinación de protección y de represión detrás de la cual ha despuntado un proceso de generación artificial de inseguridad[29]. Cooper recuerda que Trump, pese a perder las presidenciales de 2020, consiguió en ellas, tras una gestión calamitosa de la pandemia, once millones de votos más que en 2016[30], una cifra que a duras penas puede explicarse sin esa necesidad, en este caso visiblemente instrumentalizada y artificialmente construida, de protección.

Este ejercicio de servidumbre voluntaria ha bebido de un gregarismo volcado al servicio de un proyecto que no acierta a esconder un aberrante individualismo. De por medio se han hecho manifiestas figuras como la de lo que se dio en llamar *policías de balcón*, empeñados en la delación de personas. Pero se ha revelado también una débil contestación de las medidas represivas, en relación con las cuales lo común es que, en el mejor de los casos, se criticasen lo que se entendía que eran "excesos". En ese escenario tanto deben preocupar las fórmulas arbitradas como la docilidad con que la población las ha aceptado, sin someterlas a discusión alguna[31]. Pareciera como si se hubiese evaporado otro miedo, el miedo a la duda, del que habla Patricia Simón[32]. En esta macrooperación de aislamiento e infantilización ha desempeñado un papel vital la presión, constante y muy fuerte, de los medios de comunicación.

Creo que no preciso añadir que el fenómeno que acabo de glosar guarda una relación evidente con el ecofascismo. Constituye una demostración fidedigna de que un proyecto ecofascista cuenta con posibilidades significativas de salir adelante o, lo que

29. Cooper, 2021: 6.
30. Cooper, 2021: 6.
31. Krastev sostiene, sin embargo, que la aceptación de las restricciones operadas en derechos y libertades conduce, pese a todo, a un rechazo del autoritarismo, toda vez que las primeras se entenderían justificadas en exclusiva durante un período de tiempo acotado. Véase Krastev, 2022: 11.
32. Simón, 2022: 20 y 22.

es lo mismo, de hacer frente a las contestaciones internas y, acaso, también a las externas. Y permite dejar en el olvido las responsabilidades de quienes redujeron el gasto sanitario o se desentendieron por completo de lo que ocurría con los ancianos, unas responsabilidades ninguneadas en virtud de una consideración recurrente de la insolidaridad, presunta o real, de quienes decidieron desobedecer las normas establecidas[33]. El coronavirus se habría convertido así en una excusa, de tal forma que, con arreglo a esta lectura, lo principal no sería ya la pandemia, sino un proyecto previo vinculado con el ascenso de la represión y el control, y encaminado a preservar el sistema, cuando no a radicalizar algunas de sus dimensiones más negativas.

Buen momento es este para anotar algunas de las consecuencias delicadas de ese esquema de miedo, protección y servidumbre. Una de ellas, principal, es un inquietante debilitamiento de la vida social que bebe de un miedo más: el que suscita la relación con otros seres humanos. En paralelo, los efectos psicológicos parecen ser delicados. Al calor de la pandemia, en el Reino Unido la depresión pasó a alcanzar a una persona de cada cinco, frente al guarismo común, que era de una de cada diez. Un 15 por ciento de los adultos declararon padecer depresión, ansiedad o miedo de resultas de las medidas gubernamentales. Uno de cada tres adultos incrementó, por su parte, el consumo de alcohol para hacer frente al estrés, mientras se registraba un crecimiento de un 20 por ciento en el de opiáceos. Creció también de manera significativa el número de las llamadas telefónicas que demandaban ayuda en casos que apuntaban a un posible suicidio, se acrecentó la cifra de personas sin hogar y alcanzó cotas muy notables, en suma, la violencia doméstica[34].

Obligado estoy a subrayar una vez más, en otro ámbito, que en muchas ocasiones los muertos provocados por el COVID-19 no los ha producido este, sino que son el efecto de las políticas neoliberales de recorte del gasto en sanidad[35], a lo que se han sumado

33. Amorós, 2020: 29.
34. Dodsworth, 2021: 230-232.
35. Fusaro, 2021: 65.

las consecuencias de la falta de atención prestada, durante la pandemia, a otras enfermedades. El círculo se cierra con la certificación de la debilidad extrema que ha caracterizado a la solidaridad internacional, una debilidad bien testimoniada por el magro debate que, sin resultados, rodeó a la administración de una tercera dosis de vacuna en muchos Estados ricos del Norte. Las voces que se atrevieron a sugerir que era preferible transferir a países del Sur esas vacunas pronto fueron acalladas, y eso que, conforme al criterio dominante, el retroceso del COVID-19 en estos últimos debería beneficiar al mundo rico. En la trastienda se barrunta lo que parece una excusa para acrecentar el control sobre la población, promover leyes que en otras circunstancias sería mucho más arduo sacar adelante y militarizar, en general, la vida social[36]. Apenas se ha prestado atención, en suma, a otro debate, como es el relativo al riesgo de proliferación de pandemias futuras, que conforme a una visión de los hechos en buena medida irán debilitando al ser humano como especie. Estamos —ya lo he sugerido— ante la ruptura de equilibrios muy sutiles en el medio natural, una ruptura que facilita la transmisión de enfermedades entre los otros animales y el ser humano.

MEDIOS, CIENCIA Y DISIDENCIAS

El despliegue de una estrategia de miedo, protección y servidumbre ha tenido en los medios de comunicación un instrumento insoslayable. Las televisiones han resultado ser vitales para ocultar la liviana transparencia de la que han hecho gala los Gobiernos, para impedir el cuestionamiento de unas u otras políticas y para utilizar interesadamente las informaciones. Al respecto de esto último, y a guisa de ejemplo, tiene su relieve que los resultados de las encuestas de opinión hayan sido una y otra vez empleados con el propósito de determinar lo que la población debía pensar y

36. Tamara San Miguel y Eduardo J. Almeida, en Zibechi *et al.*, 2021: 53.

hacer[37]. Bien puede afirmarse que la exposición a los medios parece acrecentar el miedo[38]. Y bien puede sostenerse que a menudo ha sido difícil distinguir las secuelas negativas de la pandemia y las derivadas de las medidas supuestamente encaminadas a hacer frente a aquella[39].

Claro es que en el caso de la pandemia hay que mencionar también, y en lugar singular, el papel desempeñado por las redes sociales, que han aportado un mecanismo vital de control, de difusión de (des)información y, al tiempo, de distracción —cargada de trampas— de las poblaciones confinadas o, de manera más general, de las sometidas a restricciones en sus derechos. Cada vez resulta más difícil identificar su presunta dimensión liberadora, en un anuncio de lo que puede ocurrir —si el propio colapso no lo impide de la mano de una cancelación de todas o de muchas de las prestaciones de aquellas— en el futuro.

Tengo que abrir aquí un hueco para subrayar que los medios han operado, no sin paradoja, como promotores del descrédito del discurso de la *ciencia*. En marzo y abril de 2020 fueron sin duda muchas las personas que, en España, esperaban que los tertulianos al uso en los canales de televisión y las emisoras de radio fuesen rápidamente reemplazados por virólogos y epidemiólogos. Cuando llegó el turno de estos últimos, o de la mayoría de ellos, tuvimos la oportunidad de descubrir que la ciencia que aportaban en modo alguno presentaba perfiles razonablemente uniformes —el gallinero de los tertulianos se mantenía en pie—, en el buen entendido de que la mayoría de estas gentes en modo alguno se desmarcaban, por ello, de la estrategia general de amedrentamiento y ocultamiento. Muchos de estos expertos se entregaron, por lo demás, a un cumplido ejercicio de demonización de las disidencias y, más allá de él, de censura en lo que hace a su expresión. Baste con recordar la discusión, hurtada, sobre las vacunas, sobre su idoneidad y necesidad, y sobre los derechos de la persona, con los intereses de las grandes farmacéuticas en la trastienda. O la nula

37. Dodsworth, 2021: 249.
38. Dodsworth, 2021: 255.
39. Berrojalbiz y Rodríguez Hidalgo, 2021: 23.

voluntad de discutir los vaivenes y la irracionalidad de las políticas oficiales. Por detrás se ha manifestado a menudo la conclusión de que quien disiente lo hace, por definición, y sin excepciones, porque es un loco embaucado por demenciales teorías conspiratorias. Las voces críticas han sido, en cualquier caso, acalladas, cuando no demonizadas y ridiculizadas en un marco de general censura que ha alcanzado al mundo científico, al periodístico y al político[40].

Lo que acabo de señalar no es óbice para reconocer que no todas las disensiones tenían el mismo cariz. En muchos casos han despuntado, sin duda, opiniones que han exhibido un carácter conspiratorio y que han acabado por fortalecer, no sin paradoja, la irracionalidad de muchas de las medidas arbitradas (y, con ella, el miedo y la sensación de desprotección). Si en ocasiones han bebido de planteamientos tan viejos como conocidos —"este Gobierno todo lo hace mal"—, en otras se han visto estimuladas por el descrédito del discurso científico. En unos terceros, y acaso, algo han tenido que ver con el hastío provocado por una pandemia que se prolongó mucho más de lo previsto y dejó muy atrás el sentimiento de estar viviendo hechos históricos, y saludables, que asaltó ingenuamente a muchas gentes en el momento del inicio de los confinamientos en la primavera de 2020. Sospecho que tardaremos mucho tiempo en saber, de cualquier modo, lo que realmente ha ocurrido en los últimos años.

40. Dodsworth, 2021: 190.

IV. LA PROPUESTA ECOFASCISTA

Acometo en este capítulo un ejercicio de consideración de algunos de los rasgos que previsiblemente asumirá un modelo ecofascista. Lo hago, claro, con las cautelas que inevitablemente tienen que acompañar a una tarea que arrastra dimensiones especulativas muy notables. Por estas páginas pasan, de cualquier modo, la relación de ese modelo con democracias y autoritarismos, la dimensión represiva de aquel, el papel que cabe asignar a la institución Estado, algunas cuestiones económicas de particular relieve, el debate sobre la población, las consecuencias mayores de la implantación de la propuesta correspondiente o las funciones que en relación con ella deben desempeñar los medios de comunicación e instancias afines. Aclararé que una cuestión vital como es la de las eventuales diferencias que el modelo que me ocupa exhibirá en unos u otros recintos geográficos no se aborda en este capítulo, aun cuando sea objeto de alguna consideración —sin duda menor de la deseable— en el siguiente.

UNA NOTA SOBRE ANTECEDENTES Y SUPUESTOS

Algunos —solo algunos— de los supuestos que permitieron el despliegue del nacionalsocialismo alemán, y que en un grado u otro se revelan también hoy, bien pueden ofrecer el escenario de manifestación de un proyecto ecofascista. Pienso, en particular, en una situación de crisis acompañada de carestía material y zozobra existencial, de la certeza de que no hay para todos, de la conveniencia de descartar las respuestas de carácter *humanista*, o del ascendiente de un grupo dominante que prescinde orgullosamente de consideraciones relativas a la dignidad humana[1]. Más allá de lo anterior, y de nuevo tal y como sucedió en la Alemania hitleriana, hay motivos para concluir que en defensa de sus intereses las grandes empresas, o muchas de ellas, podrían establecer una alianza con un poder político él mismo ecofascistizado.

Por detrás despunta una idea central: la de que la crisis ecológica ofrece una oportunidad de oro para un fascismo renovado que acaso prestaría una mayor atención, cierto es, al agotamiento de las materias primas energéticas que al cambio climático. Esa oportunidad remitiría a la conclusión de que la crisis en cuestión solo puede encararse en virtud de procedimientos autoritarios, de una *ecodictadura* (es el término del que se sirve Rudolf Bahro)[2] que exigiría, hacia dentro y hacia afuera, un fortalecimiento de las funciones represivas del Estado. En este orden de cosas bueno será que rescate dos opiniones que a mi entender dan en el clavo, en el buen entendido de que, a diferencia de lo que acabo de sugerir, se interesan más por la condición y los efectos del cambio climático. La primera es de Mark Alizart y subraya que el cambio mencionado no es solo una consecuencia del capitalismo: constituye, antes bien, el procedimiento que el capitalismo ha encontrado para autoperpetuarse[3]. En un argumento de resabios benjaminianos, Alizart agrega que el capitalismo no puede ser derrocado si antes no hemos afrontado la crisis ecológica[4]. La segunda corresponde a Mike Davis, quien en 2010 imaginó un escenario en virtud del cual las estrategias de mitigación de los problemas en relación con el cambio climático serían expresamente abandonadas en provecho de una inversión encaminada a asentar la posición de los

1. Amery, 2002: 157.
2. Biehl, 2011: 71.
3. Alizart, 2021: 31-32.
4. Alizart, 2021: 32.

pasajeros de primera clase[5]. En la trastienda, y en fin, queda por dilucidar si el ecofascismo es un producto de la debilidad del capitalismo para encarar sus problemas o, por el contrario, indica una vitalidad notable del lado de aquel.

Tiene sentido, aun así, que, para completar el panorama, mencione el relieve de un puñado de factores adicionales. El primero es la certificación de que muchos de los desastres climáticos afectan a los ricos, circunstancia que en buena ley justificaría una reacción por parte de estos, cada vez más conscientes de problemas perentorios. Sobre su conducta a buen seguro que pesará el designio de evitar, o de mitigar, los costos derivados del cambio climático. Al respecto se habla de 551 miles de millones de dólares, con una pérdida, en 2100 y si la temperatura sube 3,7 grados, del 23 por ciento del ingreso mundial potencial y con un impacto mucho mayor que el de la Gran Depresión[6]. El segundo es el propósito de reducir los riesgos que afectan al mundo occidental y a su primacía planetaria, garantizando al efecto la preservación del nivel de vida de sus habitantes. El tercero, en fin, lo aportan dos herramientas decisivas: por un lado, un descarado empleo de lo público a través de su supeditación a la economía privada, de la mano, por ejemplo, de privatizaciones y de tratados internacionales que colocan por delante los intereses de las grandes empresas, y, por el otro, el despliegue de medidas que, de carácter teóricamente provisional y encaminadas a hacer frente a circunstancias inesperadas, parecen llamadas a asentarse de forma definitiva. En semejante marco el objetivo será parcialmente el que Hannah Arendt atribuyó en su momento a los nazis, esto es, fabricar "un tipo de especie humana que se parezca a otras especies animales, un tipo cuya única 'libertad' consistiría en 'preservarse a sí misma'"[7]. Y he puesto por delante un discreto *parcialmente* porque, por encima del propósito mencionado, con certeza se hallará otro: el de mejorar las cuentas de resultados de una minoría de la población planetaria.

5. Citado en Wainwright y Mann, 2020: 28.
6. Wallace-Wells, 2019: 166.
7. Arendt, 1982: 569.

¿QUÉ ES EL COLAPSO?

Ya he señalado en el prólogo que en este texto no me explayo en consideraciones prolijas relativas al concepto de *colapso* y a su entorno. Comoquiera, sin embargo, que la cuestión del ecofascismo remite de forma directa al concepto en cuestión, y que sería poco afortunado que diese por descontado que quien se acerca a estas páginas dispone de un conocimiento firme al respecto, me ha parecido que tiene sentido incluir en este epígrafe tres rápidas observaciones que, a la postre, configuran un rapidísimo resumen de tesis que he defendido en libros como *Colapso. Capitalismo terminal, transición ecosocial, ecofascismo* (2016), *Ante el colapso. Por la autogestión y el apoyo mutuo* (2019) y *Decrecimiento. Una propuesta razonada* (2021).

En la primera de esas obras definí el colapso, y retomo ahora esa definición, como un proceso, o un momento, del que se derivan varias secuelas delicadas: cambios sustanciales, e irreversibles, en muchas relaciones, profundas alteraciones en lo que se refiere a la satisfacción de las *necesidades básicas*, reducciones significativas en el tamaño de la población humana, una general pérdida de complejidad en todos los ámbitos —acompañada de una creciente fragmentación y de un retroceso de los flujos centralizadores—, la desaparición de las instituciones previamente existentes y, en fin, la quiebra de las ideologías legitimadoras, y de muchos de los mecanismos de comunicación, del orden antecesor. Importa subrayar, de cualquier modo, que algunas de las consecuencias que parecen derivarse del colapso no tienen necesariamente una condición negativa. Tal es el caso de las que se refieren a la rerruralización, a las ganancias en materia de autonomía local o a un general retroceso de los flujos jerárquicos. Esto al margen, es razonable adelantar que el concepto de *colapso* tiene cierta dimensión etnocéntrica. Resulta muy difícil explicar qué es el colapso a una niña que, nacida en la franja de Gaza, no disfruta de la posibilidad de comparar el escenario presente de su vida con el propio de un eventual hundimiento futuro: esa vida ha sido, desde el momento inicial, un genuino y prolongado colapso. En paralelo, lo suyo es recordar que, a los ojos de Déborah Danowski y Eduardo Viveiros de Castro, el final del mundo —el colapso— ya se hizo valer para muchas de las víctimas de la colonización occidental[8], con un pistoletazo inicial en 1492 en lo que ahora llamamos América.

¿Cuáles son, en segundo lugar, las previsibles causas de un colapso general del sistema? Conforme a una visión muy extendida, habría que identificar dos causas principales, en el buen entendido de que en la trastienda operarían otras que llegado el caso podrían adquirir un papel prominente u oficiar como multiplicadores de tensión. Las dos causas mayores son el cambio climático y el agotamiento de las materias primas energéticas que empleamos. En lo que al cambio climático se refiere, parece inevitable que la temperatura media del planeta suba al menos dos grados con respecto a los niveles anteriores a la era industrial. Cuando se alcance ese momento nadie sabe lo que vendrá después, más allá de la certeza de que no será precisamente saludable. Conocidas son, por otra parte, las consecuencias esperables del cambio climático: además de un incremento general de las temperaturas se harán valer —se hacen valer ya— una subida del nivel del mar, un progresivo deshielo de los polos, la desaparición de muchas especies, la extensión de la desertización y de la deforestación, y, en fin, problemas crecientes en el despliegue de la agricultura y la ganadería. Por lo que respecta al agotamiento de las materias primas energéticas, lo primero que hay que subrayar es nuestra dramática dependencia en relación con los combustibles fósiles. Si renunciásemos al petróleo, al gas natural y al carbón, no quedaría nada de nuestra civilización termoindustrial. Según una estimación, sin esos combustibles un 67 por ciento de la población humana perecería[9]. Antonio Turiel sostiene que el pico conjunto de las fuentes no renovables se produjo en 2018[10], de tal suerte que inequívocamente la producción de aquellas se reducirá y los precios se acrecentarán en un escenario en el que habrá que aportar cada

8. Danowski y Viveiros de Castro, 2021: 104.
9. Tainter y Patzek, 2012: 37.
10. Mesa redonda organizada por Attac Catalunya en Barcelona (2 de julio de 2016).

vez más energía para obtener cada vez menos. Aunque se pueden imaginar cambios en la combinación de fuentes que hoy empleamos, con un mayor peso asignado, por ejemplo, a las renovables y al carbón, no hay sustitutos de corto y medio plazo para las hoy existentes. Cualquier cambio reclamará, inexorablemente, transformaciones onerosísimas.

Entre los elementos acompañantes del colapso que podrían adquirir un relieve notable no está de más que mencione los que siguen: la crisis demográfica, que golpea en singular a determinadas áreas del planeta; una delicadísima situación social, con más de tres mil millones de seres humanos condenados a malvivir con menos de dos dólares diarios; la esperable extensión del hambre, asociada, en muchos casos, con una escasez de agua; la expansión de las enfermedades, en la forma de epidemias y pandemias, de multiplicación de los cánceres y las enfermedades cardiovasculares, y de reaparición con fuerza de dolencias como la tuberculosis; un entorno invivible para las mujeres (son el 70 por ciento de los pobres y desarrollan el 67 por ciento del trabajo, para recibir solo un 10 por ciento de la renta)[11]; el presumible efecto multiplicador de la crisis financiera, con sus secuelas en forma de caos, inestabilidad, pérdida de confianza e incertidumbre; la quiebra de muchos Estados, estrechamente vinculada con las guerras de rapiña asestadas por las potencias del Norte; las secuelas de la obscena subordinación de la tecnología a los intereses privados; una huella ecológica disparada y, en suma, una inquietante idolatría del crecimiento económico.

¿Cuáles son, en fin, y en tercer término, los rasgos previsibles del escenario posterior al colapso? El primero lo aportará una reducción significativa en el tamaño de la población humana, que se ajustará, bien es verdad, a patrones diferentes según unas u otras regiones geográficas. El segundo asumirá la forma de otra reducción, que en este caso afectará a la oferta de energía y dará al traste con la civilización del automóvil tal y como hoy la conocemos, y también, por cierto, con buena parte de las manifestaciones

---

11. Bruna Bianchi, en Bianchi *et al.*, 2012: 10.

presentes del comercio internacional. En un tercer escalón, el golpe será muy fuerte para aquellas instancias que se caracterizan por la centralización y por el uso intenso de energía y de tecnología; en lenguaje más llano, Estados, fuerzas armadas y grandes empresas padecerán en su funcionamiento cotidiano muchas de las secuelas negativas del colapso. En cuarto lugar, en el terreno económico se revelará una vorágine marcada por la reducción del crecimiento, el cierre masivo de empresas, la extensión del desempleo, la desintegración de los llamados *Estados del bienestar*, la subida de los precios de los productos básicos, la quiebra del sistema financiero, el hundimiento de las pensiones y retrocesos visibles en sanidad y educación. Los efectos serán, en fin, más onerosos en las ciudades que en el campo, en el buen entendido de que en este acabaremos por pagar los platos rotos derivados de la mala gestión de los suelos, del monocultivo, de la mecanización y, en general, de la mercantilización de todas las relaciones.

LOS ENTRESIJOS DE LA DEMOCRACIA LIBERAL

La relación del ecofascismo con la democracia liberal bien puede ajustarse a dos modelos distintos. Mientras, en virtud del primero, la propuesta ecofascista se serviría interesadamente, y acaso durante un tiempo, de determinados resortes aportados por esa forma de *democracia*, conforme al segundo se entregaría a la tarea de dinamitar esta última. Cierto es, claro, que en determinados lugares el ecofascismo no verá la luz en escenarios marcados por la democracia liberal: lo hará en otros definidos por fórmulas autoritarias del más diverso cariz.

Sabido es que Hitler aprovechó los resortes que proporcionaba la democracia liberal para acceder al poder. No hay ningún motivo mayor para concluir que algo similar no está llamado a cobrar cuerpo con el ecofascismo. Y los hay, y muchos, para recordar que, de la mano de una perversa combinación de horizontes, las reglas del juego de la democracia liberal se han preservado en un escenario, el israelí de las últimas décadas, capaz de promover aquella hacia dentro y de aplicar un terror genocida hacia afuera. En el caso del ecofascismo tal vez se haga valer una combinación de tres factores. El primero lo aportará el poder de las grandes corporaciones, que se expresa ya, y de forma rotunda, al margen del juego *democrático*. El segundo asumirá la forma de un empleo interesado de la democracia liberal para, a través de la manipulación, la propaganda y la censura, apuntalar la exigencia de disciplina y de fortaleza[12], sin que al amparo de un proyecto ecofascista quepa descartar los golpes de Estado al servicio, naturalmente, de la causa de la propia democracia... El tercero y último, en fin, una señal de los tiempos, recuerda que quienes de siempre han rechazado la democracia, o la libertad, en todas sus concreciones se presentan hoy como adalides de la una y de la otra; saben que no necesitan acabar de forma manifiesta y rápida con el derecho de voto o, lo que es lo mismo, que resulta mucho más inteligente modelar las cabezas. De por medio tanto podrán hacerse valer, en suma, líderes carismáticos, probablemente caprichosos, impregnados de conductas irracionales y hábiles a la hora de invocar emociones, a lo Trump, como dirigentes anodinos privados de todo carisma.

Conviene subrayar, sin embargo, que aunque no cabe descartar una preservación, claro que relativa, de algunos de los rasgos de la democracia liberal, lo más probable es que la mayoría de las reglas de esta queden arrinconadas. Por detrás del ecofascismo está, al fin y al cabo, el riesgo, que acosa a las clases dominantes, de perder el consenso que mal que bien habían ido perfilando. Para hacer frente a ese riesgo pueden aprovecharse los activos que ofrecen herramientas como el bioterrorismo pandémico, el estado de emergencia sanitaria y el miedo generalizado, con el designio de neutralizar las posibles disensiones —así, las que ofrecen sindicatos o movimientos sociales varios—, incluidas las de los sectores del capital —el pequeño comercio, por ejemplo— manifiestamente perjudicados por proyectos que entronizan a los colosos del comercio digital, a las grandes farmacéuticas y a las corporaciones

12. Cooper, 2021: 26.

financieras[13]. En el meollo de ese proceso se revelarán un fortalecimiento de realidades anteriores —y entre ellas las vinculadas con la división entre clases y con la desintegración que afecta a las clases medias y trabajadoras— y una aceleración de flujos en curso como la transición hacia la sociedad digitalizada, la marginación de los parlamentos, la entronización de un individualismo extremo y la cancelación de los restos de la soberanía popular[14]. En el ámbito político, y de resultas, tal y como ha ocurrido al amparo del COVID-19, los parlamentos perderán peso, se impondrán ejecutivos fuertes, ganarán terreno formas de lo que se antoja un estado de excepción permanente, se suspenderán derechos y libertades, el principio de división de poderes será objeto de ataques aún más fuertes que los que recibe hoy, la vida pública experimentará una rotunda militarización y las formas autoritarias ganarán peso por doquier[15]. Despuntará también, con toda probabilidad, un renacimiento de prácticas *feudales* de la mano de la fragmentación del orden jurídico y de estrategias de apropiación empresarial[16]. El escenario lo será de inseguridad generalizada, de tal forma que agentes dotados de capacidad militar se enfrentarán a otros que carecen de ella, y que a menudo demandarán la generosa protección dispensada por los poderosos[17].

Junto a una eventual primacía de la depredación sobre la producción[18], cabe suponer que a la postre se impondrá un proyecto jerárquico que dejará de coquetear con la causa de la *democracia*. Al fin y al cabo, lo que está en juego es la supervivencia de la especie… El horizonte estará muy lejos, en otras palabras, del que acarician quienes, hoy, sostienen que el sistema político, en un escenario difícil, se apresta a someter a cortapisas serias al *business as usual*.

13. Fusaro, 2021: 73.
14. Fusaro, 2021: 10.
15. Fusaro, 2021: 13-14.
16. Durand, 2020: 180.
17. Durand, 2020: 186-187.
18. Durand, 2020: 226.

LA SUPREMACÍA DE LOS SISTEMAS AUTORITARIOS

Por detrás de la discusión anterior, y de las opciones dispares que invoca, sobrevuela la intuición, por no decir la certeza, de que los regímenes autoritarios, con sus aditamentos de disciplina y represión, estarían mejor preparados para hacer frente, en la línea del ecofascismo, a pandemias y colapsos. Al respecto se suele invocar el nombre de China, un país en el que un puñado de reglas estrictas, y de procedimientos de control, que permiten valorar si los ciudadanos hacen lo que deben se ha acompasado con una activa militarización y con la represión al servicio de un modelo de capitalismo autoritario y desarrollista[19]. Cierto es que en el modelo chino se combinan valores preestablecidos, e indiscutidos, que castigan la diferencia y la disensión al tiempo que premian en paralelo la sumisión meritocrática[20], por un lado, y, por el otro, un mayor control sobre las corporaciones empresariales, a diferencia de lo que ocurre en las democracias liberales occidentales.

Pero el modelo chino, que se hace acompañar de políticas visiblemente centralizadoras y de una extensión formidable de la tecnovigilancia, no es el único que merece atención. Ahí están, para testimoniarlo, la India de Narendra Modi (al calor de un nacionalismo étnico que reprime a las minorías), el Brasil de Jair Bolsonaro (merced a una progresiva inmersión en el poder político de los colegas militares del presidente) o la Rusia de Vladímir Putin (en cabeza de un sistema cada vez más represivo y agresivo)[21]. No faltan en la lista, sin embargo, y esto importa subrayarlo, democracias liberales aparentemente asentadas como la que ha liderado durante cuatro años Donald Trump en Estados Unidos o la que encabeza todavía Boris Johnson en el Reino Unido, o menos consolidadas, como las que se revelan al amparo de los Gobiernos de ultraderecha de Polonia y Hungría. Y es que en todas partes despuntan flujos autoritarios que en ocasiones alcanzan a la propia socialdemocracia, firmemente decidida a emular en tantos

19. Amorós, 2020: 30.
20. Cooper, 2021: 112.
21. Cooper, 2021: 11.

lugares las políticas neoliberales y a no desdeñar sus secuelas. Si en 2018 Freedom House concluyó que en los trece años anteriores las democracias liberales habían experimentado un franco retroceso[22], no hay ningún motivo para concluir que la tendencia se ha invertido con posterioridad. No se olvide al respecto que en el mundo occidental la digestión de la pandemia ha permitido arrinconar derechos y garantías, al tiempo que ha puesto en jaque a muchas de las instituciones, con medidas represivas decretadas unilateralmente por el poder ejecutivo en franco desprecio de los controles parlamentarios y judiciales. Lo que al cabo se nos dice desde la atalaya ecofascista es que para salir bien parados del escenario del colapso no queda otra posibilidad que la que exige reproducir la miseria autoritaria del mundo en el que nos adentramos.

Rudolf Bahro, reconvertido en sustentador principal de una suerte de *ecofascismo suave* —permítaseme el oxímoron— en la Alemania reciente, ha defendido la tesis de que la crisis ecológica debe ser resuelta en virtud de mecanismos autoritarios desplegados por un Gobierno de salvación o por un "Estado-dios"[23]. Murray Bookchin, quien debatió en su momento con Bahro, señaló al respecto que una dictadura ecológica sería cualquier cosa menos eso, ecológica, y acabaría, antes bien, con el planeta, además de operar en provecho de unos pocos. Acarrearía la glorificación del control social, de la manipulación, de la cosificación de los seres humanos y de la negación de la libertad, todo ello en nombre de la presunta resolución de los problemas medioambientales[24]. Ante la réplica de Bahro en el sentido de que semejante aserción no parecía prestar atención al lado negativo, el del egoísmo y la competición, de la naturaleza humana, Bookchin se preguntó por qué habría que canalizar ese lado negativo a través de su institucionalización por la vía de la fuerza, la superstición, el miedo y la amenaza, y por la vía, en paralelo, de ideologías *bárbaras*[25]. Las instituciones resultantes —agrego yo—, ¿no es razonable concluir

22. Cooper, 2021: 12.
23. Biehl, 2011: 71.
24. Biehl, 2011: 77.
25. Biehl, 2011: 78.

que lo que harían, lejos de abrazar cualquier procedimiento encaminado a afrontar la crisis ecológica, sería dar rienda suelta al lado negativo de esa naturaleza humana? ¿No se convierte la fórmula de Bahro en una soterrada justificación de la dominación, de la explotación y de la jerarquía que están, paradójicamente, en el origen de la crisis ecológica?

Mi franco rechazo de las vías jerárquicas y autoritarias se revela en todos los ámbitos imaginables. No puede parecerme sino una superstición, por ejemplo, la sugerencia de que los militares, por organización y por disciplina, serán un instrumento vital para hacer frente al colapso. Más fácil resulta imaginar que se vuelquen al servicio de los proyectos ideados por las clases dirigentes tradicionales. Tampoco aprecio que se resuelva ningún problema relevante de la mano de la defensa de la necesidad de abandonar una economía de mercado en provecho de otra *dirigida*[26] —habría que ponerse de acuerdo, claro, sobre lo que este adjetivo significa—, toda vez que las economías dirigidas bien pueden estar al servicio, también, de un proyecto ecofascista. En un camino diferente, ¿tiene algún sentido imaginar que la democracia liberal, claramente supeditada a los intereses de las grandes corporaciones, se convierte en un mecanismo de salvación, *in extremis*, y por la vía de urgencias insoslayables, de la humanidad?

LA REPRESIÓN

Ya me he referido a la idea de que el ecofascismo demanda una suerte de estado de emergencia permanente, de tal forma que se hace muy cuesta arriba imaginar un *ecofascismo blando*. Lo suyo es recordar que en el pasado los estados de emergencia se emplearon a menudo para negar la condición de guerra a la confrontación que se desarrollaba con muchos movimientos de liberación y esquivar así la aplicación de normas legales internacionales como las

26. Holmgren, 2014: 10.

vinculadas con el derecho humanitario[27]. Parece que nos enfrentaremos, en otras palabras, a un episodio más de fortalecimiento de la dimensión represiva de los Estados. Cierto es que por detrás del concepto de *soberanía* pueden hallarse formas de violencia política vinculadas con fenómenos distintos como es el caso de las creencias religiosas o de los intereses del capital[28]. Brown ha subrayado que este último, todopoderoso, ilimitado e incontrolable, parece haberse convertido en una especie de Dios[29]. Y opera con frecuencia también la idea de que "debemos ser inhumanos para seguir siendo humanos", con el consiguiente rechazo de todo lo que huela a disposición pacífica, conservación de la vida frágil y enferma, y conveniencia de debatir y alcanzar acuerdos[30]. No sin paradoja, y al menos en una percepción de los hechos, al cabo importa poco, en ocasiones, la eficacia de la represión que me ocupa. Las más de las veces —baste con recordar las desventuras del muro israelí— esa represión no ha reducido la violencia del enemigo, no ha permitido que reculasen el odio y la hostilidad, no ha mejorado el entorno político y no ha generado simpatía en provecho de quienes la ejercen[31].

Varios son los objetivos, o los cometidos, de las formas de represión que parece llevar consigo el proyecto ecofascista. El primero es el despliegue de procedimientos de selección de quiénes deben salvarse, una tarea central en el marco de ese proyecto. El segundo, obvio, es el acallamiento de las disidencias que puedan presentarse y de las formas de solidaridad que en su caso susciten. El tercero es el aprovechamiento de las posibilidades que se abren al calor de unos u otros conflictos. Recuérdese al respecto que la guerra contra las drogas en México ha respondido, en la trastienda, a tres grandes objetivos: ocultar la violencia del Estado, facilitar el desplazamiento de comunidades en provecho de proyectos extractivistas y alentar, en suma, la militarización del país[32].

27. Tamara San Miguel y Eduardo J. Almeida, en Zibechi *et al.*, 2021: 59.
28. Brown, 2010: 35.
29. Brown, 2010: 78.
30. Amery, 2002: 179.
31. Brown, 2010: 122.
32. Manrique, 2019: 63.

El cuarto reclama fortalecer las prestaciones del sistema carcelario, en el buen entendido de que entre ellas no se cuenta la reinserción y sí se halla, en cambio, la ratificación de los desafueros que padecen las capas más pobres de la población[33]. El quinto, en fin, estriba en facilitar la militarización de escuelas y medios de comunicación.

Al listado anterior es menester añadir esas medidas de control exhaustivo de la población que ya he mencionado[34], desplegadas con singular celo en países como China, Corea del Sur, Japón o Taiwán. Asumen formas diversas entre las que se cuentan una vigilancia digital permanente, la colocación de cámaras de seguridad en todos los espacios, tanto públicos como privados, o el reconocimiento facial, al amparo de lo que quiere ser un control poblacional absoluto y una plena sumisión al Estado[35]. Merced al empleo de las tecnologías correspondientes, que acarrean, claro, seguimientos individualizados como los que afectan a antecedentes penales o a infracciones de tráfico, y que se traducen a menudo en sanciones que reducen la movilidad, dificultan las relaciones sociales y dañan la imagen personal, parece registrase una astuta combinación de políticas duras y tecnologías seductoras. Sin que todo ello suscite, por añadidura, críticas mayores en la población. Harari pronostica que, merced a esas medidas, los Gobiernos y las empresas podrán acceder a lo que llama "sistema operativo humano", de tal forma que las estrategias de manipulación, publicidad y propaganda se dirigirán con precisión[36]. Y ello por mucho que sea cierto —agrego yo— que el colapso puede reducir las capacidades de control e intervención al servicio de las instancias mencionadas. Señala Harari, por otra parte, que, en paralelo, el uso intenso

33. Las cárceles, por lo demás, y por lo general, multiplican las enfermedades, tanto las físicas como las psíquicas, castigan a los familiares, ningún efecto tienen de reparación con respecto a las víctimas de los delitos y se asientan, en fin, en la violencia que dicen querer erradicar; véase Alicia Alonso en Ferrari y Mosconi, 2021: 7-8. Lo anterior aparte, están llenas de gentes que, desde escenarios sociales muy duros, han cometido por lo común pequeños delitos; véase Ferrari y Mosconi, 2021: 43.

34. Zuboff, 2019; Campillo Vélez, 2021.

35. Tamara San Miguel y Eduardo J. Almeida, en Zibechi *et al.*, 2021: 53.

36. Harari, 2022: 75.

que solemos hacer de Google reduce nuestra capacidad autónoma para buscar información: la *verdad* la definen en los hechos los primeros resultados que Google nos ofrece[37]. El propio Harari concluye que aunque los palestinos pueden administrar ciudades y pueblos en Cisjordania, Israel controla el cielo, las ondas de radio y el ciberespacio, de tal suerte que bastan unos pocos soldados israelíes para mantener a raya a dos millones y medio de palestinos[38]. Y agrega que lo que hoy padecen estos últimos bien puede ser un anticipo de algo que acabará por desplegarse en el conjunto del planeta[39].

En la materialización de todas estas estrategias de represión y de control participan, o están llamadas a hacerlo, instancias varias como las fuerzas armadas, la policía y las milicias privadas. La segunda de esas instancias, la policía, disfruta al respecto de una experiencia previa muy granada en materia de amenazas, de ataques físicos contra los miembros de los grupos demonizados (la población negra en Estados Unidos, por ejemplo), de empleo de armas cada vez más agresivas, de criminalización de los sin hogar (en particular los varones y quienes padecen enfermedades mentales)[40] y de vigilancia de fronteras[41]. Todo ello no opera en menoscabo del relieve, creciente, de la tercera de esas instancias, que asume a menudo el perfil de genuinos ejércitos privados —ahí están los vinculados con las compañías petroleras, con el narcotráfico, con el comercio de armas o con la prostitución— encargados de militarizar la vida cotidiana y de acompañar a las intervenciones armadas[42]. Acaso el fenómeno de las prisiones privadas[43], también en ascenso, es la ilustración más cabal de la importancia de ese tipo de organizaciones.

El incremento sustancial que cabe aguardar que se produzca en materia de represión y control debe traducirse, en paralelo, en

37. Harari, 2022: 75.
38. Harari, 2022: 87.
39. Harari, 2022: 88.
40. Vitale, 2018: 90.
41. Vitale, 2018: 178.
42. Silvia Federici, en referencia a un argumento de Rita Segato, en Martínez Andrade, 2019: 132.
43. Vitale, 2018: 182.

una expansión de la institución Estado, o al menos de las funciones correspondientes dentro de esa institución, tal y como ocurrió —es sabido— en los fascismos de antaño. Pudiera parecer, sin embargo, que el escenario ecofascista casa mal con una figura como la del expresidente norteamericano Donald Trump[44], un neoliberal que en muchos terrenos deseaba arrinconar la institución Estado y que sobre el papel puso freno a las intervenciones estadounidenses en el exterior. Más allá de que las circunstancias podrían cambiar si se hiciesen valer fenómenos extremos como los vinculados con un colapso general, malo sería olvidar que hay elementos poderosos que acercaban a Trump y a los fascismos de antaño. Uno de ellos lo ha sido el declarado y retórico designio de defender a las clases populares castigadas por crisis y desindustrializaciones, nunca acompañado, eso sí, del propósito de actuar contra el causante mayor de los desastres correspondientes, que no es otro que el capital, y en singular el capital financiero. Al igual que los fascismos de otrora, Trump se inclinó por buscar chivos expiatorios como los que encontró en la figura de los latinos, los musulmanes y, en general, los inmigrantes no blancos[45]. Traverso señala con buen criterio, en cualquier caso, que Trump era "una mina flotante, imprevisible e incontrolable"[46], no sin agregar que, a diferencia de los fascismos tradicionales, carecía de un programa, toda vez que su objetivo mayor quedaba reducido a un lema etéreo, el que reclamaba recuperar la grandeza de su país, sin modificar al tiempo, por el contrario, el sistema económico y social norteamericano[47]. Acaso conviene repetir que el proyecto neoliberal, supuestamente desregulador y antiproteccionista, las más de las veces no ha hecho ascos al fortalecimiento de las funciones represivas del Estado, de la misma suerte que, mientras reivindica el libre movimiento de los capitales, no defiende el mismo postulado en lo que hace al de las personas[48].

44. Traverso, 2018: 33.
45. Traverso, 2018: 34.
46. Traverso, 2018: 33.
47. Traverso, 2018: 36.
48. Brown, 2010: 110.

A VUELTAS CON LA ECONOMÍA

A efectos de ilustrar el contenido de la propuesta ecofascista creo que tiene sentido que asuma una reflexión sobre algunas de las tesituras que, en el terreno económico, habrá de afrontar. En la certeza de que en modo alguno deseo agotar una materia extremadamente compleja y espinosa.

Una de esas tesituras la aporta a buen seguro la expulsión del mercado de trabajo de buena parte de la población del planeta, en buena medida ya una realidad. Harari la vincula con una fusión de la infotecnología y de la biotecnología. "Los algoritmos de macrodatos pueden crear dictaduras digitales en las que todo el poder esté concentrado en las manos de una elite minúscula al tiempo que la mayor parte de la gente padezca, no ya explotación, sino algo muchísimo peor: irrelevancia"[49]. En la percepción del propio Harari se forjará una engrosada e inútil clase que protagonizará "revueltas sociales y políticas que ninguna ideología existente sabrá cómo manejar"[50]. En la trastienda operan muchos de los fenómenos que hoy en día marcan poderosamente la deriva del trabajo. Al respecto se dan cita palabras como *precariedad, temporalidad, subempleo, infoproletariado, cibertariado y esclavitud digital*[51]. Y despunta también el fenómeno, ya glosado, del teletrabajo. De manera general lo que se ha abierto camino en las últimas décadas es un retroceso en materia de derechos laborales, acompañado de la ratificación de un sinfín de desigualdades sociosexuales y étnico-raciales[52]. En semejante escenario la tecnología, lejos de liberarnos, parece llamada a acrecentar la explotación y la marginación, en el buen entendido de que en muchos lugares en los países del Sur perviven formas más tradicionales y materiales, menos digitales, de la primera, de la explotación. En el Norte, entre tanto, un fenómeno en ascenso es el de segmentos enteros de lo que antes era la *izquierda obrera* hechizados por la propuesta que

49. Harari, 2022: 14.
50. Harari, 2022: 37.
51. Antunes, 2021: 12.
52. Antunes, 2021: 13.

llega de fuerzas como el Frente Nacional francés. En esta conversión ha sido vital la descomposición de la clase obrera, la pérdida de peso de sus organizaciones y la fragmentación que se ha abierto camino en los centros de trabajo. Para completar el panorama, organizaciones como el Fondo Monetario Internacional empiezan a coquetear con fórmulas de *renta básica* que obedecen sin duda al designio de hacer frente a un problema central del capitalismo contemporáneo: en un planeta en el que el número de empleos se reduce y en el que los salarios lo hacen también, ¿quién va a adquirir los bienes y los servicios que el sistema produce o genera? Claro es que esas fórmulas solo parecen llamadas a desplegarse en los países del Norte, y que lo más sencillo es que su despliegue se vea modulado con nuevos recortes en lo que hace a sanidad, educación y pensiones. Hay un único terreno, en fin, en el que el mundo occidental puede competir con los salarios que se pagan en los países pobres: el del trabajo esclavo que se hace valer en las cárceles del propio mundo occidental[53].

Hay que prestar atención singularizada, por otra parte, al relieve de una malla logística, la de estas horas, que tendrá problemas para mantenerse. De ella participan empresas dedicadas al alojamiento (Airbnb), a la orientación (Googlemaps), a los desplazamientos (Uber), al ocio (Tripadvisor) o a las relaciones humanas (Tinder)[54]. Pero en ella están presentes también oleoductos y gasoductos, puertos, zonas especiales, satélites y regímenes singulares que configuran un campo de batalla lleno de fracturas, tensiones y fricciones, al amparo de un singularísimo capitalismo[55]. En ese campo de batalla se ha intentado, con éxito razonable, desplegar fórmulas represivas, impedir la gestación de sindicatos y apostar por la despolitización, la precarización y la flexibilización[56]. Pareciera como si la logística disfrutase de una capacidad *soberana* a la hora de hacer frente a interrupciones,

53. Andrews, 2021: 141.
54. Pavoni y Tomassoni, 2022: 24.
55. Pavoni y Tomassoni, 2022: 24-25.
56. Pavoni y Tomassoni, 2022: 38.

bloqueos o trabas[57], beneficiada a menudo por legislaciones locales que colocan sus intereses por encima de cualesquiera otros. En esa estela ha emergido una forma de poder que, aparentemente despolitizado, y no ligado a un espacio determinado, prospera en virtud del hecho de que circula a través de una totalidad que, interligada, carece sin embargo de forma[58]. Esto se concreta ante todo en las zonas especiales ya mencionadas, en constante expansión. En 2006 se contabilizaban 3.500 en el conjunto del planeta, con 66 millones de trabajadores[59]. La logística que acompaña a todo lo anterior tiene un origen militar que remite a las reformas de los ejércitos de finales del XVIII y a la necesidad de satisfacer las exigencias reproductivas de las tropas, de la mano de procedimientos más adelante trasladados a la esfera comercial[60].

Permítaseme que agregue una apreciación más sobre una cuestión a la que me he referido brevemente en este epígrafe: la de la tecnología. De nuevo estoy obligado a subrayar que la dimensión presuntamente liberadora de esta última recułará en provecho de otra volcada al servicio del ecofascismo. Así, y sin ir más lejos, muchas de las tecnologías —no todas, ciertamente— que debían contribuir a frenar el cambio climático han quedado entrampadas en modelos que, aberrantemente vinculados con la lógica del crecimiento, se han traducido en incrementos sustanciales en las emisiones contaminantes. Según una estimación, en el momento presente quemamos un 80 por ciento más de carbón que el que quemábamos en 2000[61]. Harari sostiene que, al igual que ocurrió al amparo de las dos guerras mundiales de la primera mitad del siglo XX, el cambio climático podría provocar una aceleración en el desarrollo tecnológico que aboque en jugadas desesperadas[62] y delicadas. En el buen entendido, eso sí, de que habrá que calibrar, una vez más, en qué medida el colapso afectará a su desarrollo.

57. Pavoni y Tomassoni, 2022: 98.
58. Pavoni y Tomassoni, 2022: 43.
59. Pavoni y Tomassoni, 2022: 154.
60. Pavoni y Tomassoni, 2022: 88.
61. Wallace-Wells, 2019: 178.
62. Harari, 2022: 145.

LA DISPUTA SOBRE LA POBLACIÓN

En el meollo de la propuesta ecofascista hay, de manera visible, una discusión demográfica. Por decirlo de forma rápida, y por recuperar un argumento que me interesó en el prólogo, está la idea de que en el planeta sobra gente, de tal forma que se trataría de marginar a quienes sobran —esta es la versión más suave del ecofascismo y poco tiene de novedosa— y, llegado el caso, de exterminarlos —esta es la versión, claro, más dura—. No está de más recordar que también los nazis apostaron por una política de despoblación en la Europa central y oriental, de tal suerte que en buena medida renunciaron a explotar en su provecho —inmediatamente procuraré recuperar esta discusión— la mano de obra local[63].

Una manera rápida de retratar una cuestión vital en lo que hace al perfil del ecofascismo es subrayar que, tal y como lo señala Alizart, "desde una perspectiva capitalista, la crisis ecológica solo demuestra que el capitalismo no funciona con seis mil millones de seres humanos"[64]. Y, sin embargo, si el colapso no se cuela de por medio, en 2050 habrá, según Naciones Unidas, 9.800 millones de seres humanos y en 2100 la cifra se elevará a 11.200 millones. En este último año, más de la mitad de ese crecimiento se concentrará en nueve países: Estados Unidos, la República Democrática del Congo, Etiopía, la India, Indonesia, Nigeria, Uganda, Pakistán y Tanzania[65]. Como puede apreciarse, en todos los casos, con excepción de Estados Unidos, se trata de países del Sur. Según otra estimación, en 2050 Europa aportará un escueto 7 por ciento de la población mundial, frente al 25 por ciento de África y el 54 por ciento de Asia[66]. Wallace-Walls ha tenido a bien recordar que Naciones Unidas augura doscientos millones de refugiados climáticos en el último año mencionado, y mil millones, o más, de personas pobres vulnerables, en el buen entendido de que este autor

63. Arendt, 1982: 544.
64. Alizart, 2021: 7.
65. Gemenne y Rankovic, 2019: 108.
66. Magny, 2021: 43-44.

interpreta que esas cifras son un tanto exageradas[67]. En paralelo, y desde tiempo atrás, asistimos a un crecimiento constante de la población urbana que, tras multiplicarse por 5,5 entre 1950 y 2018, ha pasado de 751 millones de personas a 4.200 millones, esto es, un 55 por ciento del total mundial. Los pronósticos sugieren que de aquí a 2050 la población urbana podría crecer en 2.500-3.000 millones de personas[68]. El 80 por ciento del consumo energético, y también el de las emisiones de efecto invernadero, corresponde a las ciudades, cuya construcción se lleva, por añadidura, un 8 por ciento de las emisiones planetarias de CO_2[69]. Las ciudades son, por lo demás, el escenario principal de un consumo desaforado.

Al hablar de las políticas abrazadas por los nazis alemanes me he referido, de forma sucinta, a una discusión por aquellas planteada: la que sugiere que en el marco de un proyecto ecofascista la cuestión demográfica puede encararse desde la perspectiva de la explotación de población esclava o desde la del exterminio. Aunque los nazis en términos generales se inclinaron por prescindir de muchos judíos —por aniquilarlos— que eran trabajadores cualificados, y lo hicieron precisamente en el momento en el que las señales de la derrota en la guerra mundial eran evidentes[70], los hechos podrían discurrir en el futuro por un camino distinto. Al fin y al cabo, el sistema precisa mantener determinados niveles de producción y de consumo, toda vez que todavía no se ha ideado un capitalismo sin trabajadores y que el colapso por lógica obligará a regresar a realidades que parecían definitivamente proscritas. Así las cosas, el proyecto maestro no atendería tanto al designio de reducir la población como al de propiciar una nueva esclavitud que permita sustituir una tecnología en crisis por mano de obra esclava al amparo de fórmulas que remiten al colonialismo más trivial. Aun así no cabe descartar el despliegue de políticas radicales y autoritarias de control de la natalidad, como no cabe rechazar la posibilidad de que se emplee de forma consistente la fuerza física

67. Wallace-Wells, 2019: 7-8.
68. Gemenne y Rankovic, 2019: 118.
69. Gemenne y Rankovic, 2019: 118.
70. Amery, 2002: 115.

en forma de operaciones de exterminio, de guerras o de desplazamiento de poblaciones. En escenarios como estos a buen seguro que volveremos a escuchar cómo se pronuncia repetidas veces una palabra, *triaje*, que reclama que el sistema ordene y jerarquice quiénes se deben salvar y quiénes, por el contrario, deben morir, tal y como ha sucedido en situaciones delicadas con las camas de los hospitales y con la atención médica en escenarios en los que, además —y vuelvo a la carga con el argumento—, se han reducido las inversiones y se ha procedido a privatizar muchos servicios. El fenómeno guarda algún parecido, también, por cierto, con la determinación de cuáles son las actividades económicas "esenciales" y cuáles no[71].

A tono con algunas de las ideas que acabo de manejar, bueno será que mencione el sentido de propuestas como la orientada a reducir la población del planeta a seiscientos millones de personas —un guarismo que sería compatible con la supervivencia de la biosfera—, presuntamente realizada por el llamado club Bilderberg[72] en la estela de muchas de las iniciativas que retrata con ironía Susan George en *El informe Lugano*[73]. George sugiere que, ante una crisis general, las más altas instancias habrían llegado a la conclusión de que la única forma de salvar el sistema es una "estrategia de reducción de la población"[74]. De manera sobre el papel más benigna, Gobiernos como el norteamericano han postulado desde mucho tiempo atrás —ya me he acercado a este fenómeno— fórmulas de reducción de la población ajena. En 1974 Henry Kissinger escribió: "Para perpetuar la hegemonía estadounidense y asegurar a los norteamericanos un libre acceso a los minerales estratégicos del conjunto del planeta, es necesario contener, esto es, reducir, la población de los trece países del tercer mundo (la India, Bangladesh, Nigeria...) cuyo peso demográfico por sí solo los condena, por así decirlo, a desempeñar un papel de primer

71. Zibechi *et al.*, 2021: 46-47.
72. Latouche, 2006: 56.
73. George, 2001.
74. Ariès, 2002: 13.

plano en la política internacional"[75]. Apréciese que en muchos casos estas propuestas parecen acarrear una curiosa combinación de principios a primera vista contradictorios: los mismos conservadores hostiles al aborto podrían defender políticas radicales de control de la natalidad. De cobrar cuerpo estas políticas, es más fácil que el impulso principal lo proporcione antes el egoísmo económico que el rigorismo religioso.

Nos encontraríamos, de cualquier modo, ante una suerte de respuesta biológica del gran capital. Disfrutaría de un refrendo adicional rescatado por Amery, para quien "se está partiendo del presupuesto de que la producción deseada de la economía mundial puede satisfacerla, gracias a las últimas innovaciones científico-técnicas, un veinte por ciento de la población planetaria"[76], con las consecuencias esperables. Si en el pasado la *eutanasia* de los pobres se justificaba sobre la base de las necesidades del capital, ahora se empieza a aducir, para cimentarla, un supuesto compromiso con el planeta y su preservación[77]. Cierto es que los criterios de selección de quienes deben salvarse no siempre son claros, por mucho que sean, eso sí, intuibles. Aunque lo esperable es que el grueso de la población de determinados espacios geográficos se salve, no cabe descartar, incluso en estos recintos, el despliegue de medidas de prohibición de la inmigración, de estricto control de nacimientos, de extensión del aborto y el infanticidio en el caso de malformaciones, de cierre de horizontes vitales para los ancianos y de eutanasia voluntaria[78]. En términos generales no interesarán, elites aparte, quienes ni siquiera sirven como fuerza de trabajo o, lo que es casi lo mismo, quienes ni trabajan ni consumen.

Lo suyo es subrayar, aun así, que la causa del tétrico escenario que tenemos entre manos no es, pese a algunas apariencias, el problema demográfico, innegable, que nos acosa, sino la naturaleza del capitalismo que padecemos[79]. Al parecer, "si más de mil

75. Citado en Latouche, 2007: 46.
76. Amery, 2002: 172.
77. Ariès, 2002: 38.
78. Heinberg, 2010: 118.
79. Ariès, 2002: 22.

millones de personas se acuestan cada noche con hambre, la culpa no es del capitalismo, sino de la existencia de un número excesivo de seres humanos"[80]. Bueno es que rescate al respecto la autorizada opinión de Albert Jacquard, quien, en relación con estas cuestiones, escribió en 1987 lo que sigue:

La respuesta a la pregunta "¿cuántos seres humanos puede soportar la Tierra?" depende del tipo de seres humanos de que se trate. Si son campesinos de Mali o de Bangladesh, quince, veinte o treinta mil millones podrían subsistir sin demasiadas dificultades. Si son parisinos medios que todos los días emplean el coche y pasan sus vacaciones en un club en las Seychelles, los cinco mil millones de hoy son ya insostenibles: agotarían los recursos del planeta, o lo contaminarían, y lo harían definitivamente nada hospitalario para cualquier forma de vida evolucionada. La capacidad de carga de la Tierra no es un dato que ofrezca la naturaleza: depende de nuestro comportamiento. Por ello, el mañana depende de nosotros. No basta con gestionar nuestro efectivo: hay que tomar en serio la palabra igualdad[81].

La conclusión está servida: se trata, por decirlo de otra manera, de salvarnos todos —sin desdeñar, claro, políticas de control— y de hacerlo conciliando el respeto por el planeta y sus especies, por un lado, y el respeto por las generaciones venideras, por el otro.

LOS EFECTOS MAYORES

Si hasta el momento he prestado atención a los fundamentos, a las herramientas y a los objetivos de un imaginable proyecto ecofascista, tiene sentido que ahora me detenga para examinar algunas de sus consecuencias. Al respecto lo primero que deseo subrayar es que ese proyecto atenderá a la ratificación de la desigualdad en todos los órdenes.

80. Ariès, 2002: 33.
81. Citado en Ariès, 2002: 136-137.

Harari sugiere que las mejoras en biotecnología pueden traducirse en el hecho de que la desigualdad económica aboque en una desigualdad biológica, al amparo del establecimiento de castas privilegiadas que se beneficiarán de tratamientos que permitirán alargar la vida y mejorar las condiciones físicas. Por efecto de ese proceso podrían cobrar cuerpo una pequeña clase de superhumanos y una nutrida clase de humanos inútiles, en un escenario en el que, por añadidura, las instituciones perderían estímulos para invertir en salud o educación[82]. Así las cosas, y siempre según Harari, la globalización podría conducir a una división de la humanidad en castas biológicas o, incluso, en diferentes especies, merced a lo que al cabo sería una desglobalización que abocaría en una autoproclamada "civilización" llamada a construir muros y fosos que la separen de los "bárbaros" del exterior[83]. Cierto es que todo lo anterior pende en gran medida, una vez más, de que no se haga valer un colapso general que a buen seguro dificultaría el despliegue de la operación correspondiente.

En paralelo, y por lógica, el ecofascismo supondrá un mantenimiento de las reglas del intercambio desigual, sin que sea sencillo dilucidar si los Estados-nación actuales, o muchos de ellos, pervivirán. Al respecto no se me ocurre mejor ejemplo de ilustración de lo que puede ocurrir que el que aporta un puñado de hechos que se manifestó en Iraq tras la intervención militar estadounidense de 2003. Estoy pensando en el licenciamiento masivo de militares y funcionarios, en la cancelación de todos los obstáculos que pudieran pesar sobre las inversiones extranjeras, en la privatización de muchas empresas estatales y en ayudas foráneas claramente orientadas en provecho de intereses geoestratégicos y geoeconómicos bien conocidos. No está de más que recuerde, por cierto, en un terreno próximo, que una quinta parte de las ayudas estadounidenses a terceros países beneficia a un Estado tan desarrollado como Israel[84]. Como no está de más que apostille que a buen seguro adquirirán carta de naturaleza fórmulas como las

82. Harari, 2022: 98.
83. Harari, 2022: 99.
84. Andrews, 2021: 129-130.

retratadas por Naomi Klein al amparo de la *doctrina shock*: el capitalismo del desastre se apresta a aprovechar unas u otras catástrofes, presuntamente naturales, en provecho de sus intereses. Tal fue lo que ocurrió con ocasión del tsunami del sudeste asiático en 2004 o con el huracán Katrina en Estados Unidos el año siguiente.

Lo suyo es que recuperen peso, por otra parte, fórmulas como las que se desplegaron merced al *descubrimiento* de América, de la mano de la presunción de que en el planeta hay numerosos espacios vacíos que pueden y deben ser ocupados. Comoquiera que sus habitantes no merecen mayor atención, se hará con ellos lo que se desee. Se procederá a explotar la mano de obra y los recursos, en unos casos, de la misma suerte que se optará por el exterminio, en otros. No se olvide que estas fórmulas, que parecen tan alejadas de la condición de fondo de la civilización occidental, fueron decisivas en el camino de lo que después sería la construcción del capitalismo industrial europeo y norteamericano[85]. Con la huella del colonialismo de siempre en la trastienda, lo que ahora me interesa obliga a subrayar la semejanza existente entre la *Nakba* padecida por el pueblo palestino y la conquista de América, "no tanto como eventos o acontecimientos, sino más bien como procesos ininterrumpidos (expolio de tierras, destrucción del Otro, violencia mítica)"[86]. En ese escenario el colonizador sionista se nos ofrece como representación de la civilización y de la blanquitud encargado de hacerse con una tierra presuntamente vacía, en tanto se estima que los palestinos o bien no existían, o bien eran seres demasiado primitivos para tomarlos en consideración[87].

A un paso de lo anterior está el designio de defender espacios en los que los *otros* no pueden entrar. Al respecto es preciso estigmatizar grupos humanos y países, o incluso regiones enteras del planeta, con el racismo como señal ineludible del proyecto en cuestión. No hay mejor ilustración de esta pulsión que la que proporcionan los muros. A menudo en la linde entre el Norte y el Sur globales —Estados Unidos y México, Israel y Palestina—, los

85. Andrews, 2021: 32.
86. Martínez Andrade, 2019: 95.
87. Amal Eqeiq, en Martínez Andrade, 2019: 220.

muros modelan las identidades culturales y políticas[88]. En algunos casos han surgido en virtud de una alianza entre los intereses del capital, por un lado, y determinadas percepciones populares en relación con las poblaciones migrantes y sus efectos en materia de salarios, empleo y demografía, por el otro[89]. La proliferación de muros aconseja concluir, con todo, que el escenario correspondiente en mucho contradice la retórica que ha acompañado en las últimas décadas a la globalización capitalista. Aunque en esta última se han revelado, ciertamente, tensiones entre la apertura y el cierre de espacios, entre las fusiones y las divisiones, o entre la voluntad de borrar y la de reinscribir[90], se daba por descontado, al menos en la expresión conceptual, la naturaleza premoderna de los muros en un mundo marcado por las redes, por lo virtual, por lo microfísico, por el carácter líquido de muchas relaciones y por un planeta en el que, al menos sobre el papel, los pueblos se hallaban muy relacionados entre sí, cuando no habían experimentado activos procesos de hibridación[91]. Igual este cambio en provecho de una realidad premoderna no es sino un anticipo de lo que nos espera.

Cierto es que hay pulsiones que parecen —solo lo parecen— discurrir por un camino contrario y que invitan a recelar de la utilidad y del buen sentido de los muros. Recordaré al respecto que el ex primer ministro israelí Ariel Sharon señaló en su momento a unos colonos sionistas que no debían construir muros en torno a sus asentamientos, toda vez que los muros al cabo suponían límites a la expansión de aquellos. "Los pondremos en torno a los palestinos, no en torno a nuestras posesiones", apostilló[92]. Las fórmulas correspondientes deben manifestarse, en fin, en los ámbitos más dispares, como lo demuestra la sugerencia de que los demandantes de asilo sean acogidos en exclusiva en aquellos recintos geográficos que responden a la misma área cultural de la

88. Brown, 2010: 86.
89. Brown, 2010: 48.
90. Brown, 2010: 19.
91. Brown, 2010: 92.
92. Citado en Brown, 2010: 19.

que proceden, en un escenario en el que las culturas deben permanecer, entonces, claramente separadas[93]. El listado de sujetos a los que se desea privar de libertad se antoja, por lo demás, muy amplio: pobres, trabajadores y solicitantes de asilo; contrabandistas y traficantes de drogas y de armas; jóvenes, en la mayoría de los casos mujeres, secuestradas y sometidas a lo que en los hechos son prácticas de esclavitud; terroristas y grupos étnicos o religiosos; activistas políticos...[94]. Los excluidos son mucho más numerosos de lo que parece, aunque a menudo, y tal y como ocurre con los sin techo y con los hambrientos, sean invisibles[95].

A duras penas sorprenderá que se aspire a acabar definitivamente con las comunidades previamente existentes, a destruir las solidaridades y a procurar que los seres humanos queden solos y sin relación entre sí. Falquet señala al respecto que la represión, al empujar a las personas a la clandestinidad, acaba por aislarlas y por propiciar la desconfianza[96]. La consiguiente desestructuración de la personalidad tiene consecuencias materiales, ante todo económicas, importantes[97]. "El capital desbocado en su marcha adelante destruye todos los obstáculos que encuentra en su camino. Y son obstáculos todas aquellas personas que no son rentables, que no son empleables. Desde los pobres a los discapacitados y dependientes, pasando por los jóvenes o los ancianos sin recursos", ha recordado Santiago López-Petit[98]. En relación con un escenario más próximo, el nuestro, y por su parte, Clara Valverde ha subrayado cómo muchas personas dependientes han fallecido sin haber recibido la ayuda económica que se les había asignado para permitir su cuidado. Y ha remarcado que la salud de muchas gentes se ha ido deteriorando en virtud de las largas listas de espera en las que han quedado insertas. Por no hablar de los numerosos enfermos que carecen de recursos para pagar los tratamientos que

93. Biehl, 2011: 79 y 83.
94. Brown, 2010: 32.
95. Valverde, 2015: 29.
96. Falquet, 2019: 52.
97. Falquet, 2019: 55.
98. Citado en Valverde, 2015: 12.

necesitan[99]. O de la disyuntiva de tener que elegir entre comer y disponer de electricidad[100]. Al fin y al cabo, y regreso al argumento general, el designio de provocar la desintegración de la comunidad fue un elemento central de despliegue del proyecto del nacionalsocialismo alemán, manifiesto al amparo de lo que Hannah Arendt llamó "atomización social".

Las prácticas que he mal retratado están llamadas a recibir el refrendo, en suma, de leyes que, en origen surgidas en el ámbito de un Estado, deben ser aplicadas en todo el planeta, a manera de lo que hicieron los nazis en los territorios que conquistaban: "El ejército ocupante ya no era un instrumento de conquista que llevaba consigo la nueva ley del conquistador, sino un órgano ejecutivo que aplicaba una ley que se suponía ya vigente para todo el mundo"[101]. El plan de los nazis significaba en los hechos borrar las diferencias entre la madre patria conquistadora y los territorios conquistados[102]. De resultas, "el dictador totalitario considera las riquezas naturales e industriales de cada país, incluyendo las del suyo propio, como una fuente de botín y un medio de preparar el siguiente paso dentro de una expansión agresiva"[103], anotó la recién mencionada Arendt. De nuevo me veo en la obligación de afirmar que buena parte de estos desafueros y miserias ha cobrado cuerpo en los tres últimos cuartos de siglo en Palestina al amparo de un amasijo en el que se han dado cita las expulsiones, el acoso, la explotación, la ocupación, los muros, la militarización, el ahogamiento económico, la arrogancia, la criminalización del agredido, la violación de todas las normas legales, la expansión de las cárceles, la tortura, el robo de recursos —con la tierra y el agua en lugar principal—, el racismo y el apoyo, no ocultado, a la colonización occidental de un recinto importante.

99. Valverde, 2015: 19.
100. Valverde, 2015: 26.
101. Arendt, 1982: 544.
102. Arendt, 1982: 545.
103. Arendt, 1982: 545.

MEDIOS Y LEGITIMACIÓN

Parece servida la conclusión de que en muchos lugares el ecofascismo contará con un formidable aparato mediático a su disposición. En él se darán cita los medios convencionales y las redes sociales, y con ellos las posibilidades que se abren al calor de intelectuales y blogueros[104]. Todo lo anterior sin despreciar el papel que pueda desarrollar la escuela adoctrinadora. Téngase presente, y vuelvo al caso de Trump, que esos medios fueron capaces de permitir que en 2020 —ya lo he anotado— mejorase sus resultados electorales un presidente como el citado, aparentemente lastrado por escándalos, promesas incumplidas, un reguero de muertes por el COVID-19 y una notable expansión de la pobreza[105], y ello tras haber defendido la violencia en nombre de la supremacía blanca y los valores tradicionales[106].

Tarea fundamental asignada a los aparatos que me ocupan es la de justificar el buen sentido de la propuesta ecofascista. Esta se presentará acaso como un proyecto filantrópico, a la manera del "imperialismo liberal" que se habría desplegado en el pasado en tantos lugares[107]. Al respecto se tratará, naturalmente, de vender de forma edulcorada ese proyecto, de subrayar su solidez, fortaleza, altitud de miras y utilidad frente al terrorismo, el comercio ilegal, las drogas, las violaciones y el robo[108], de apuntalar su credibilidad de la mano de explicaciones presuntamente científicas y de denigrar y descalificar a quienes disienten, describiendo una y otra vez las posiciones de estos últimos como acientíficas y peligrosas[109]. El énfasis se depositará en la necesidad de salvar vidas, de perfilar un futuro mejor, de garantizar que las sociedades democráticas salgan adelante, de preservar la civilización y de darle

104. Cierto es que en relación con unos y otros, y en particular con los primeros, habrá que calibrar si lo ocurrido durante la presidencia de Trump en Estados Unidos no podría anunciar posibles disensiones entre ecofascismo e intelectualidad.
105. Davis, 2021: 70.
106. Davis, 2021: 81.
107. Andrews, 2021: 112.
108. Brown, 2010: 115.
109. Fusaro, 2021: 200.

alas al orden y a la seguridad, sin que de por medio se vislumbre ninguna agresividad ni ningún interés torcido. Objetivo mayor de toda esta operación será que el ecofascismo se levante, como se levantó el nacionalsocialismo ochenta años atrás, sobre un consenso en torno al "espíritu de la época". Un consenso que a la postre obligó a muchos ciudadanos alemanes a recelar de la idea de que Hitler fuese sin más un paranoico irrelevante permitió que el dictador germano ganase para su causa a muchos dirigentes sociales y económicos e hizo posible el despliegue de recursos técnicos y financieros que impulsaron una política de agresión en gran escala[110]. El consenso mencionado debe traducirse en la idea de que el pueblo llano, la mayoría silenciosa, demanda un horizonte como el que propone el ecofascismo frente a una decadencia y una corrupción que le repugnan. El apoyo fundamental deben aportarlo, entonces, las gentes de orden, que cumplen con sus deberes y desean llevar una vida tranquila y confortable que aconseja renunciar, por qué no, a determinados derechos y libertades. Esas gentes parecen singularmente preocupadas por otro miedo del que hasta ahora no he hecho mención. Patricia Simón asevera que

> el miedo a la pobreza es transversal: está alentado por el miedo horizontal, a los que vienen de fuera —una supuesta amenaza impura e imprevisible—, y por el vertical, a los de arriba que tienen más y siempre quieren más, y a los de abajo, que querrán algo de lo que nosotros tenemos, que siempre nos resulta poco y que siempre aspiramos a ampliar. Este temor a menudo se desata cuando se es padre o madre: pocas justificaciones encuentran más aquiescencia en nuestra sociedad, incluso cuando amparan las actitudes más deleznables, que "con el pan de mis hijos no se juega"[111].

En un escenario en el que con toda evidencia el ecofascismo no es cuestión solo de elites, la "predisposición autoritaria" de la que habla Applebawm remite antes a la simpleza, al deseo de huir de la complejidad y de la división, que a una genuina cerrazón[112].

---

110. Amery, 2002: 153.
111. Simón, 222: 99.
112. Applebawm, 2020: 106.

En el período de entreguerras los nazis, y muchos movimientos *comunistas*, reclutaban ante todo personas sobre el papel indiferentes, que los demás partidos despreciaban por entender que eran en exceso apáticas o, llegado el caso, estúpidas. De resultas, muchas de esas personas, que proporcionaron un apoyo espontáneo al nacionalsocialismo[113], tuvieron en las organizaciones correspondientes su primera experiencia política, circunstancia que facilitó que sobre ellas recayeran fórmulas inéditas de propaganda[114]. Entiéndase bien, eso sí, que no es estrictamente necesario que en el ecofascismo se manifieste la presencia de rasgos que con certeza se hicieron valer en los movimientos fascistas del período de entreguerras, en la forma, por ejemplo, de "una lealtad total, irrestricta, incondicional e inalterable del miembro individual"[115]. Más bien cobrará cuerpo lo que en la percepción de Hannah Arendt fue en el pasado una mezcla de credulidad y de cinismo, con el agregado de que a medida que se sube en el escalafón el cinismo tendrá, claro, un relieve mayor[116]. En ese juego se hará evidente, en suma, que los habitantes de los países ricos no son en modo alguno solidarios con los integrantes de las generaciones venideras, con muchos de los seres humanos que viven en los países del Sur y con los miembros de las demás especies con las que, sobre el papel, comparten el planeta.

Lo que tenemos delante de los ojos nos permite conocer algunos instrumentos de los que a buen seguro hará uso semejante ejercicio de edulcoramiento y distorsión de la realidad. "Estadísticas, previsiones, mecanismos de regulación y de seguridad son las herramientas empleadas para gestionar cualquier amenaza imprevisible dirigida contra la población", ha afirmado Santiago López-Petit[117]. Pero a la tarea se sumarán también, con certeza, las tesis conspiratorias y las *fake news*. Al fin y al cabo la verdad no interesa: interesa lo que sirve a la causa, que en este caso es la de

113. Arendt, 1982: 435.
114. Arendt, 1982: 428.
115. Arendt, 1982: 441.
116. Arendt, 1982: 506.
117. Citado en Valverde, 2015: 11.

un individualismo aún más feroz y, con él, la de una general pérdida de conciencia. Tampoco faltarán, naturalmente, las consignas y las promesas contradictorias. Carl Amery ha subrayado al respecto, con buen criterio, que Hitler "llamó a su partido el Partido de los Trabajadores, y persiguió a los trabajadores, prometió a los campesinos heredades y los aherrojó a la economía de guerra, halagó a los capitalistas y les tomó el pelo, hablaba del 'cristianismo positivo' y ejecutó a los verdaderos cristianos"[118]. Nos toparemos —en realidad ya los tenemos delante de los ojos— con dirigentes políticos que mienten premeditadamente y que no creen necesariamente en lo que dicen en un teatro en el que el cinismo será perfecto compañero de la defensa obscena de los negocios propios[119]. Esos dirigentes no sucumbirán, por lo demás, a la tentación de ofrecer cuentas o de hacer frente a contradicciones y abusos.

El uso de estos instrumentos estará sujeto, aun así, a modulaciones, de tal manera que la violencia recülará si aquellos cumplen fidedignamente con su función —esto es, si las gentes acatan sin pestañear lo que se les propone o impone— y reaparecerá en el caso de que sea preciso recrear un escenario de terror y represión, sin que al respecto sea necesario ofrecer, una vez más, y claro, explicaciones a las víctimas.

118. Amery, 2002: 117.
119. Applebawm, 2020: 154.

V. ECOFASCISMO O ECOFASCISMOS

En esta obra apenas ofrezco otra cosa que modestas pinceladas en lo que hace a la concreción territorial del proyecto ecofascista. La inferencia general es, de cualquier modo, obvia: ese proyecto se ensañará ante todo con los países del Sur y, acaso, con algunas de las periferias inmediatas del mundo rico. Infelizmente no estoy en condiciones de ir más lejos en las consideraciones que se refieren a esta cuestión. Cierto es, pese a ello, que el contenido principal de este capítulo —la consideración de si lo que despuntará será un único ecofascismo de dimensión planetaria o por el contrario se revelarán manifestaciones distintas de aquel ajustadas mal que bien a la lógica de los Estados-Nación y, quizá, a la de los imperios acompañantes— frisa con esa discusión que apenas abordaré. Al margen de lo anterior, y antes de acometer esa tarea de distinguir entre ecofascismo y ecofascismos, me voy a hacer eco de un análisis, el de Geoff Mann y Joel Wainwright, que bien puede servir de introducción descriptiva del escenario correspondiente. E incluiré, pese a todo, algunas observaciones sobre la dimensión espacial y temporal del ecofascismo. Para, una vez agotada la tarea principal, concluir con una rápida apreciación que se acerca de forma más precisa a una materia que ya me ha atraído: la de una eventual influencia de la extrema derecha en la determinación del perfil preciso de la propuesta ecofascista.

EL LEVIATÁN CLIMÁTICO

En un libro que merece la pena leer, el titulado *Climate Leviathan. A Political Theory of Our Planetary Future*, Geoff Mann y Joel Wainwright proponen cuatro escenarios de reacción ante el cambio climático. El primero, el de un *Climate Behemoth*, es el de un neoliberalismo que irá más allá del propio neoliberalismo, de la mano de un proyecto negacionista y de una preservación de las prerrogativas de determinados Estados-nación que, encargados de garantizar los flujos de capital, difícilmente parecen llamados a limitar daños y agresiones. El segundo, el *Climate Leviathan*, lo aportará una relación constructiva entre el capitalismo y un Estado-nación planetario, una relación que permitiría salvar los muebles del primero[1]. El tercero —*Climate Mao*— asumirá la forma de un proyecto liderado por dirigentes *anticapitalistas* autoritarios que ejercerán su poder dentro de los límites de los Estados-nación actuales. El cuarto y último, en fin, que nuestros autores describen como *Climate X*, perfilará un sistema poco afecto a defender el capitalismo y la soberanía de los Estados-nación, y se aferrará al propósito de distribuir los recursos y proteger frente a las catástrofes climáticas, al amparo de una alianza global que operará en nombre de la humanidad y en colisión con capitales y Estados-nación[2]. Aunque, obviamente, no todos los términos de la vida del planeta se vincularán con los efectos del cambio climático —recordemos el sinfín de polémicas que suscita, sin ir más lejos, el agotamiento de las materias primas energéticas y el de las no energéticas—, en la percepción de los autores del libro que gloso lo suyo es que esos cuatro horizontes compitan y se enfrenten entre sí[3]. Permítaseme que recoja ahora algunas apreciaciones que Mann y Wainwright formulan en relación con los tres primeros horizontes y que olvide por el momento —me referiré a él más adelante— el cuarto y

1. *Behemoth* y *Leviathan* son nombres extraídos del *Libro de Job*.
2. Mann y Wainwright no descartan, con todo, la posibilidad de que emerja lo que describen como un "dictador planetario" que asumiría el perfil de un capo mafioso; véase Wallace-Wells, 2019: 192-193.
3. Wainwright y Mann, 2020: 30.

último. Lo haré desde la convicción de que tanto el Behemoth como el Leviathan como el Mao revelan pulsiones, claro que distintas, hacia diferentes modalidades de ecofascismo.

Por lo que al Behemoth respecta, a su amparo cobraría cuerpo un liderazgo vinculado con la facción de la clase dominante relacionada con la explotación de los combustibles fósiles, una facción decisiva para determinar la ideología correspondiente pero insuficiente, en términos numéricos, para ganar elecciones en las democracias liberales. Desde esta perspectiva se abrazaría un discurso negacionista que plantaría cara a lo que se entiende que es el alarmismo imperante, y se buscaría el apoyo de sectores de las clases populares que perciben en el cambio climático una amenaza para sus puestos de trabajo y un obstáculo para la preservación de una energía barata. Cierto es que esta propuesta recibiría también el respaldo de una elite de expertos encargada de ocultar que el Behemoth se asienta en la soberanía nacional —y nacionalista— y rechaza, al menos en principio, los proyectos de corte planetario. Por detrás despuntarían movimientos de derecha que beben de ideologías étnico-religioso-nacionalistas y que preconizan un liderazgo neoliberal —el mercado debe estar por encima de todo— autoritario como el que, con unos u otros perfiles, se ha manifestado en Brasil, Turquía, Estados Unidos, el Reino Unido, la India o Rusia[4].

El escenario del Leviatán —castellanizaré el nombre— bebe del sueño de un planeta soberano en el que el capitalismo se presentaría como solución, con el cambio climático como una oportunidad que daría alas al comercio de emisiones, a las finanzas y los negocios verdes, a la energía nuclear y, en fin, al liderazgo de las grandes empresas. Conforme a la tesis hobbesiana, renunciaríamos a nuestra libertad en provecho de un soberano llamado a resolver los problemas vinculados con las agresiones cometidas contra la naturaleza. Un soberano que, dotado de una autoridad planetaria encaminada a resolver un problema de nuevo planetario, podría declarar situaciones de emergencia y pondría orden con el propósito de mantener la vida, con el patrón agambeniano de la seguridad

4. Wainwright y Mann, 2020: 45-46.

como técnica normal de gobierno[5]. En la trastienda de este escenario se revelaría con fuerza, aun así, el deseo de preservar la hegemonía norteamericana. John Holdren imagina al respecto un poder central regulador que dictaminaría lo que debe hacerse con el comercio internacional, con las ayudas eventualmente dispensadas y con los alimentos. También, claro, con la población[6], siempre con la institución Estado, pese a todo, en el centro. Wainwright y Mann estiman que aunque es perfectamente posible imaginar un *Capital Leviathan* liderado por Estados Unidos, no puede descartarse otro de perfil distinto producto de una alianza norteamericano-china[7]. En este horizonte como en el anterior los países del Sur parecen llamados a asumir un papel de meros recintos de aplicación de decisiones que se toman en otros espacios geográficos.

En lo que se refiere, en suma, al *Climate Mao*, aunque en su concreción mostraría cierta independencia con respecto al capital, se perfilaría en un escenario delicado definido por un proletariado y un campesinado muy numerosos y muy marginados, por un singularísimo Estado —pese a todo— capitalista, por un fuerte aparato represivo y por la cancelación de toda disidencia. Haría uso, por otra parte, de un partido único más resistente y adaptativo de lo que lo han demostrado ser otros, y se levantaría en un país, China, cada vez más poderoso pero, al tiempo, cada vez más inestable. En la percepción de Wainwright y Mann es más probable que China, aun así, acabe por adaptarse, vía las exigencias derivadas del cambio climático, al *Capital Leviathan* antes que aceptar las consecuencias de un caos de escala planetaria[8]. Tanto más cuanto que la dependencia de China en lo que se refiere al mundo exterior —transforma materias primas que proceden de fuera de sus fronteras para colocar bienes, de nuevo, fuera de sus fronteras— parece conducir a la búsqueda de formas de soberanía de carácter global[9].

5. Wainwright y Mann, 2020: 31; Agamben, 2004.
6. John Holdren, citado en Wainwright y Mann, 2020: 33.
7. Wainwright y Mann, 2020: 151-152.
8. Wainwright y Mann, 2020: 123-124.
9. Wainwright y Mann, 2020: 124.

Debo recordar que el análisis de Wainwright y Mann, tan sugerente y esclarecedor por muchos motivos, no toma en consideración de forma expresa y central el horizonte del colapso y, más allá de este, la condición previsible del mundo poscolapsista. Más allá de ello me veo en la obligación de reiterar que, a mi entender de manera desmesurada, coloca en el meollo de todas las discusiones el cambio climático, sin sopesar lo que ocurre con las materias primas, con crisis como la demográfica, la social y la financiera, o con los avatares de las relaciones internacionales convencionales.

ESPACIO Y TIEMPO

Aunque ya he señalado, en la introducción de este capítulo, que apenas me voy a interesar por la dimensión territorial-espacial del proyecto ecofascista, bueno será que, de forma muy breve, perfile al respecto alguna observación general. Diré, por lo pronto, que si admitimos un horizonte forjado en torno a distintos ecofascismos, lo suyo es que vinculemos ese horizonte con patrones de colapso de nuevo dispares. En unos lugares faltará el agua y en otros la tierra, en unos habrá un exceso de población y en otros se impondrán los problemas de contaminación, y en muchos, en fin, se hará valer la escasez de recursos fundamentales[10]. Hablaremos entonces de varios ecofascismos que cobrarán cuerpo en un escenario de caos y de confrontación. Ese escenario reflejará muy probablemente una colisión entre ricos y pobres en los países del Norte, y también, claro, en el conjunto del planeta. Enfrentará a los blancos y a los demás, y hará lo propio, en suma, con las poblaciones autóctonas y las foráneas. Cierto es, con todo, que algunos elementos contrarrestan el vigor del tétrico panorama que acabo de describir. Aunque históricamente la escasez ha sido propicia al despliegue de genocidios, hay algunas razones de peso que invitan a concluir que el colapso puede beneficiar indirectamente a los débiles, o al menos puede ser, para ellos, menos perjudicial

10. Turiel, 2020: 190.

que para los poderosos. Ello bien puede ser así, en particular, en el caso de países poco dependientes de energías foráneas y tecnologías complejas, hasta el punto de que no está de más sostener que, en términos generales, cuanto más *pobre* es un país, menores serán los problemas que, no sin paradoja, tendrá que afrontar. En una suerte de mundo al revés[11], en muchos lugares no habrá multinacionales explotadoras ni planes de ajuste del Fondo Monetario y las desigualdades recularán. Kunstler afirma que, al recuperar el control sobre sus recursos y dejar de padecer la devastación cultural que promueve el mundo occidental, los países pobres optarán espontáneamente por estilos de vida más simples como los que, en los hechos, desarrollaron durante siglos[12].

De por medio se manifestarán, a buen seguro, otros elementos singularizadores. Pensemos que en el teatro del colapso global se hará evidente que en muchos lugares se sigue viviendo al margen, en un grado u otro, del capitalismo y de sus reglas. Recordemos, por otra parte, la deriva reciente de la posición asumida, en relación con el cambio climático, por los gobernantes rusos, primero hechizados por aquel —debía facilitar, venturosamente, la navegación por las fronteras marítimas septentrionales de la Federación Rusa y estaba llamado a permitir que la superficie agrícola útil creciese— y luego marcados por un menor optimismo. O reseñemos que en buena parte de África se revela una delicada combinación de expolio de las materias primas —es el continente más rico en estas— y crecimiento notable de la población; según un pronóstico, en 2100 África podría alcanzar los 3.500 millones de habitantes, una población superior a la del conjunto de China y la India[13].

Pero estoy obligado a bucear en dos debates adicionales que, ahora, otorgan mayor relieve al tiempo que al espacio. Si el primero escarba en la condición de dos ecofascismos diferentes —el que se haría notar antes del colapso y el que se concretaría después de este—, el segundo se pregunta por las consecuencias de un

11. Waberi, 2006.
12. Citado en Bizzocchi, 2009: 210.
13. Andrews, 2021: 154.

colapso rápido y las de uno lento. Y es que el concepto de *ecofascismo* plantea inequívocamente un problema central de delimitación de ritmos temporales, solapamientos y agentes implicados. No es lo mismo un ecofascismo desplegado antes del colapso que otro manifiesto después de este último. Mientras en el primer caso las estructuras de poder y represión hoy existentes conservarían incólumes sus capacidades —y el horizonte de una nueva guerra mundial no sería desdeñable—, en el segundo cabe concluir que las instancias en cuestión habrían experimentado, en virtud de su carácter centralizado y de su atávica dependencia con respecto a energías y tecnologías de disposición no siempre fácil, un notable debilitamiento. Con el agregado, eso sí, y por detrás, de que los mismos procesos que conducen, o pueden conducir, al colapso están en el origen del ecofascismo. Hablo, sí, del cambio climático, del agotamiento irrefrenable de muchos recursos básicos y de agresiones sin cuento contra la biodiversidad. En la que parece su forma presente, el primer horizonte mencionado, el de un ecofascismo previo al colapso, invitaría a identificar en paralelo una confrontación entre elites —de ahí la metáfora, que es algo más que eso, claro, de la guerra— antes que una colaboración entre estas, de tal suerte que, de nuevo, más que hablar de ecofascismo, en singular, habría que hacerlo entonces de ecofascismos, en plural, y de ejercicios de inclusión y de exclusión como los que probablemente se han dirimido a partir de febrero de 2022 en Ucrania con una separación de las cadenas de valor occidental y ruso-china en la trastienda. En el buen entendido de que la confrontación que invoco bien podría traducirse en una aceleración espectacular de las pulsiones que conducen al colapso.

¿De qué manera se concreta lo anterior en estos tiempos oscuros? Responderé que si me veo en la obligación de prestar atención a estas discusiones, es porque los acontecimientos se van acumulando con una velocidad extrema que impide su procesamiento sereno. Estoy pensando en la dimensión represiva que ha acompañado, y acompaña, a la digestión de la pandemia, de la mano de lo que en la mayoría de los escenarios ha sido un inquietante ejercicio de servidumbre voluntaria que —ya lo he anotado en el capítulo correspondiente— a buen seguro interesa, y mucho, a los estrategas del ecofascismo. Pero estoy pensando, también, en el reguero de noticias que se hizo valer en el otoño de 2021 en la forma de rupturas de los circuitos económicos, financieros y comerciales, de problemas crecientes en el suministro de materias primas energéticas, de encarecimientos notabilísimos en los costos de transporte y de desbocadas operaciones especulativas. Agrego a la lista el globo sonda austriaco que hablaba de un ejército empeñado en perfilar una plena autonomía en materia de energía y agua en los cuarteles para desde estos socorrer a una desvalida población civil, víctima imprevista de un apagón general...

Para que nada falte, de por medio se han hecho valer las secuelas, difíciles de evaluar, de una crisis como la ucraniana. Hay cuatro, con todo, que se antojan evidentes. La primera, un generoso regalo de Vladímir Putin, el presidente ruso, asume la forma de un rápido y formidable fortalecimiento de una organización, la OTAN, que, frente a lo que reza la propaganda oficial, anuncia un horizonte inquietante de militarización, crecimiento del gasto en defensa, negocio armamentístico, autoritarismo, intervencionismo, injerencias y represión de las disidencias. Todo ello huele, inevitablemente, a ecofascismo y, con él, a los espasmos del imperialismo más rancio y tradicional. La segunda es la certificación de que los imperios que en su caso se oponen, o parecen hacerlo, a semejante ignominia —y pienso ahora, claro, en la Rusia de los oligarcas y las desigualdades— no proponen otra cosa que la misma pócima miserable. La tercera es la ausencia, en los estamentos oficiales, y sin excepciones, de cualquier conciencia de los límites. En esos estamentos —volveré sobre ello— no se ha abierto espacio alguno para el designio de poner freno al proyecto macabro del crecimiento, para la urgencia de redistribuir radicalmente los recursos y para la premura de desarrollar respuestas de carácter colectivo. La cuarta, en fin, es el hecho, fácilmente certificable, de que ha reaparecido, acaso para quedarse, el debate relativo a un posible uso, por mil motivos inquietante, de las armas nucleares.

Por cierto que en relación con estas últimas ni siquiera es preciso invocar su empleo. Saltan a la vista las delicadas tesituras que pueden revelarse en lo que se refiere al mantenimiento de esos dispositivos, que reclaman un control exhaustivo y permanente[14]. A ello se sumarán, previsiblemente, la pérdida de información en lo que hace a su localización[15] y las incógnitas que se derivan de la proliferación de este tipo de armas. Junto a las cinco potencias nucleares tradicionales despunta hoy la presencia de países como Israel, la India, Pakistán o Corea del Norte. ¿Quién pagará, por otra parte, y en un terreno próximo, los contratos de los técnicos e ingenieros encargados de mantener las centrales atómicas?[16]. ¿Qué sucederá con los arsenales de armas químicas y biológicas? ¿No se manifestarán problemas con barcos, aviones y submarinos, de la mano de altas tecnologías difícilmente sostenibles, con la informática como delicado talón de Aquiles? ¿No habrán sido, en fin, los sucesivos fiascos de los militares estadounidenses en Afganistán, Iraq y Siria un anticipo de lo que está llamado a ocurrir en gran escala?

Asistimos, en suma, a una nueva e inquietante huida hacia adelante, que unas veces es pintoresca —Irán y Venezuela vuelven a la anormalidad de las relaciones comerciales— y otras asume la forma del delirio de un *fracking* renacido y de una energía nuclear recuperada. No sé si lo que hay por detrás son palos de ciego o, muy al contrario, un proyecto cada vez más consciente, perfilado y criminal. Sé, en cambio, que se acumulan los datos para concluir que el colapso ya no es cosa del futuro: está aquí y obliga a certificar que a quienes nos preocupan la justicia, la igualdad y la solidaridad nos interesa más, mucho más, un colapso rápido —dificultaría la reorganización de las fuerzas del sistema— que uno lento.

UN ECOFASCISMO PLANETARIO

Una de las posibilidades que se abre camino en el horizonte es la de un único ecofascismo que, de condición planetaria, sería el producto de una alianza de elites, con previsible matriz, eso sí,

14. Greer, 2014: 165.
15. Acot, 2004: 258.
16. Servigne y Stevens, 2015: 200.

occidental. Mal que bien, esta primera modalidad se ajustaría a los rasgos que he intentado describir en el capítulo anterior. Es verdad, con todo, que la perspectiva que ahora me interesa plantea algunos problemas en términos de su relación con lo ocurrido al calor de los fascismos clásicos. Siquiera solo sea, sin ir más lejos, porque no es sencillo imaginar un nacionalsocialismo ecológico, internacional y planetario que abandone, o al menos lo haga en buena medida, su vocación obscenamente nacionalista. Al amparo de un argumento de vocación similar, Polanyi anotó que "un Estado-mundo es una contradicción en sus términos, ya que tal Estado no podría estar en guerra por falta de enemigo"[17]. En el buen entendido, eso sí, de que el Estado en el que ahora pienso le habría declarado la guerra a los desheredados del planeta.

El ecofascismo que tengo en mente sería el producto de un gran consenso en el que se darían cita liberales y socialdemócratas, occidentales y chinos, elites del Norte y elites del Sur. No se olvide que las más de las veces estas últimas han preservado con brutalidad la herencia colonial y al respecto han sido vitales para sacar adelante los intereses de las grandes transnacionales, volcados a través del intercambio desigual y de la explotación de la mano de obra y de las materias primas locales. A tono con la descripción que acometí en el capítulo anterior, forzoso es concluir que el proyecto consiguiente no exhibiría ninguna dimensión benigna. Estoy pensando en una suerte de gigantesco, y muy ambicioso, programa de *apartheid* climático[18] cuya condición se solaparía con el colonialismo de siempre o, por emplear otra terminología, con una especie de imperialismo ecofascista. En ese sentido, la incorporación de la familia socialdemócrata, o de determinadas elites de los países del Sur, en modo alguno vendría a limitar el carácter agresivo y excluyente del proyecto en cuestión. Me temo que no estaríamos ante un *ejército verde* que, benigna y solidariamente, se encargaría de coordinar el esfuerzo de guerra necesario para descarbonizar nuestras sociedades y prever eventuales cortes

17. Polanyi, 2020: 123.
18. Alizart, 2021: 28.

en las cadenas de suministros[19]. ¿No resulta inevitable pensar, antes bien, en burguesías centrales que liquidan sus *stocks* y hacen que el proceso repercuta sobre las clases medias y sobre los países pobres o en supermillonarios que preparan refugios y planean viajes al espacio? Todos los grupos llamados a consolidar un ecofascismo de dimensión planetaria parecen vivir, en otras palabras, de la jerarquía y la explotación. Quien estime al respecto, por añadidura, que una organización como la que hoy se materializa en Naciones Unidas podría alentar un proyecto saludable, razonablemente justo y solidario, de reacción frente al cambio climático, el agotamiento de las materias primas energéticas y las agresiones que padece la biodiversidad debería sopesar dos horizontes. El primero no es otro que el de la triste condición presente de esa instancia, ninguneada en la mayoría de los escenarios y al servicio de los intereses de los poderosos en muchos casos. El segundo es el de la posible aportación de Naciones Unidas a la causa del ecofascismo que aquí me ocupa. Eso es lo que invita a concluir una lectura maliciosa de algunas de las propuestas de gestación de un gobierno mundial que, con carácter provisional, debería haberse encargado de hacer frente a las consecuencias sanitarias y económicas de la pandemia. Una de esas propuestas la realizó en su momento, por cierto, el otrora primer ministro británico Gordon Brown[20].

Lo que no puede negarse, en cualquier caso, es que la naturaleza del proceso que nos conduce, tal vez irremisiblemente, hacia el colapso mueve el carro de propuestas como esta que ahora me atrae. La globalización ha acrecentado las dependencias de unos espacios geográficos con respecto a otros. Un *smartphone* precisa de los programadores de Silicon Valley, de las obreras chinas que ensamblan las piezas, de los empleados de las tiendas que venden el producto en los más diversos lugares, de los mineros que extraen materias primas preciosas, de los marineros que transportan los móviles en contenedores y de los menores que desmontan aquellos en los basureros de Bangladesh[21]. "Una huelga en una

19. Alizart, 2021: 52.
20. Sanguinetti, 2020: 22.
21. Pavoni y Tomassoni, 2022: 96.

empresa en Shezen, un ataque pirata a un carguero en Nigeria, un terremoto en una zona extractiva en Chile (o una pandemia) son elementos que producen efectos en cascada en las cadenas globales de poder"[22]. Por decirlo de otra manera, el escenario no es particularmente propicio a las propuestas de corte nacionalista, siquiera solo sea por la condición global de muchos problemas y por el hecho, incipientemente importante, de que fenómenos como las energías renovables no remiten a una lógica nacional-territorial como la que permite hablar de "nuestro carbón" y de "nuestro petróleo" pero aconseja no hacerlo, en cambio, de "nuestro sol" o "nuestro viento"[23]. En el mismo orden de cosas, cuando un país reduce sus emisiones de CO_2 beneficia a todo el mundo, y esto a buen seguro no encaja dentro de un esquema nacionalista estrecho. Aunque el ecofascismo no necesariamente preconiza la reducción de emisiones: más eficiente puede resultar —como ya he señalado en su momento— la reducción de la población planetaria...

Entre los estímulos que facilitan el camino de un ecofascismo de vocación planetaria están, en consecuencia, el carácter limitado, e insuficiente, de las respuestas nacionales ante el cambio climático, el agotamiento de las materias primas energéticas y las migraciones, como está la presencia de intereses comunes entre las instancias llamadas a articular ese proyecto. Recuérdese al respecto que buena parte de la deuda norteamericana está en manos chinas. En tal sentido el mercado operaría por encima de las soberanías nacional-estatales. Claro es que, en sentido contrario, y más allá de las reglas que surgen de un teatro de confrontación entre instancias —entre imperios, si así se quiere— como es el presente, menudean los problemas para el ecofascismo que se lleva aquí mi atención. Bastará con recordar que no se antoja sencilla la tarea de ensamblar los modelos occidental y chino. Si en el segundo el Estado desempeña funciones de control de las corporaciones que no se revelan en el primero, aunque en ambos conserve una

22. Pavoni y Tomassoni, 2022: 97.
23. Malm y Zetkin Collective, 2021: 254-255.

notable dimensión represiva, el modelo occidental parece más preparado para asumir tensiones y desequilibrios —ahí está el caso de Trump—, a duras penas tolerados, en cambio, en el chino.

ECOFASCISMOS

Tampoco faltan los estímulos, sin embargo, para la manifestación de ecofascismos singularizados, ajustados a la realidad de unos u otros Estados-nación y a la de las lógicas imperiales eventualmente acompañantes. El principal de esos estímulos es, naturalmente, la inercia del pasado, que se revela ante todo de la mano de la pervivencia de esos Estados e imperios, y de la confrontación que en muchos casos protagonizan. La colisión entre imperios es hoy, fundamentalmente, una colisión entre las diferentes formas que presenta el capital y entre las cadenas de valor por este perfiladas. Si, al fin y al cabo, y permítaseme que tire de ironía, han sido muchos los Estados que se han lanzado, durante la pandemia, a la fabricación de sus propias vacunas, ¿por qué no habrían de apostar, también, por ecofascismos particularizados?

En la esencia de un mundo marcado por ecofascismos singularizados estará la confrontación. Al amparo de esta renacerán los acicates para que cobren cuerpo conflictos bélicos de carácter parcial o global —de nuevo sobre el debate planea la perspectiva de una tercera guerra mundial— y despuntará el designio de mejorar la posición propia en ese tablero. "La lucha por la dominación total de la población total de la Tierra, la eliminación de toda realidad no totalitaria en competencia es inherente a los regímenes totalitarios"[24], escribió Hannah Arendt en el pasado. Hoy conviene refrendar el argumento, en el buen entendido de que lo suyo es extenderlo a muchos de los regímenes —y uso este término con un punto de provocación— *democráticos*.

Si en el horizonte de asentamiento de ecofascismos singularizados lo suyo es que coloquemos en primer plano los que

24. Arendt, 1982: 518.

están llamados a protagonizar las potencias occidentales —los rasgos que he mal descrito en el capítulo previo pueden aplicarse sin problemas a estas—, en la estela de uno de los escenarios retratados por Wainwright y Mann hay que prestar atención a una suerte de ecomaoísmo, que a mi entender no dejaría de ser —téngase presente— sino una forma de ecofascismo. El ecomaoísmo[25] o el maofascismo —procuro evitar el término *ecocomunismo*, que puede remitir legítimamente a una realidad respetable— recuerda, antes que nada, a determinadas derivas posibles de la realidad china de estas horas. China hace años que dejó de postular, más allá de la retórica, una propuesta igualitaria, se ha dotado de sus propias corporaciones y ha perfilado una elite burocrática que se halla en cabeza de todos los proyectos. La realidad correspondiente se encubre, en suma, de la mano de un discurso nacionalista. Acaso el perfil del ecomaoísmo encuentra su mejor reflejo en la expansión económica china en África, a día de hoy más guiada por la explotación de los recursos que por el designio de acrecentar el control político. Los países beneficiados por créditos chinos suelen pagarlos en materias primas, y no en dinero contante, algo que encaja a la perfección con el hecho de que las ayudas dispensadas por Pekín apunten fundamentalmente a Estados ricos en esas materias. Pero, y por otra parte, los recursos entregados a los países africanos retornan a China en la forma de la adquisición de productos generados en esta y del pago a compañías y trabajadores chinos por el trabajo realizado en infraestructuras varias. El beneficiario final de todo este proceso lo constituyen a menudo los países occidentales: las materias primas sacadas de África se traducen en bienes consumidos por esos países, mientras los productos chinos inundan también los mercados africanos y facilitan una desindustrialización del continente[26]. El círculo se cierra con la compra de tierras en África (2,7 millones de hectáreas en 2007 únicamente en la República Democrática del Congo)[27], un recinto en el que China no ha permanecido al margen de los códigos

25. Berrojalbiz y Rodríguez Hidalgo, 2021: 71.
26. Andrews, 2021: 143-146.
27. Andrews, 2021: 152.

racistas característicos del colonialismo occidental. En la percepción de Kehinde Andrews, "China es el último éxito de Occidente: un sucesor potencial que mantiene las relaciones y las exclusiones del viejo sistema. [...] De hecho, como China no ha abrazado todavía la democracia liberal y el neoliberalismo, puede mejorar las prestaciones del imperialismo occidental"[28].

Cierto es que, de manera más general, el esquema del ecomaoísmo bien puede apuntalarse al amparo de consideraciones que trascienden la naturaleza del modelo chino de hoy en día. Estoy pensando ante todo en las percepciones que defiende Andreas Malm en el capítulo tercero de su libro *Corona, Climate, Chronic Emergency*[29]. A los ojos de Malm se impone al respecto la metáfora del *comunismo de guerra* que siguió a la Revolución de Octubre de 1917 en Rusia, un proceso revolucionario que, por lo demás, no suscita del lado de Malm ninguna consideración crítica del sistema que propició, o, lo que es lo mismo, de la burocracia, de la desigualdad y de la represión que lo acompañaron. Entiendo que al cabo Malm estaría postulando una suerte de leninismo y trotskismo ecológicos que infelizmente carecen de mimbres en los que apoyarse en un escenario lastrado por un proyecto hiperproductivista e hiperdesarrollista como fue el soviético de principios de la década de 1920[30]. Más allá de lo anterior, parece que se evita discutir la condición de dirigentes autoproclamados que medraron por completo al margen de cualquier procedimiento de elección o designación, y que presumían de poseer un conocimiento preclaro. El Estado se presenta, por otra parte, como una instancia neutra al servicio de quien la quiera emplear, solapado, por añadidura, con la organización revolucionaria, de tal forma que no importa, en paralelo, que los sóviets perdiesen toda capacidad de decisión. Comoquiera que en el texto de Malm, autor tan afortunado en otros ámbitos, no hay ninguna consideración de lo que previsiblemente ocurrirá con el Estado, recién mencionado, en el marco del colapso, la defensa de un proyecto de esa naturaleza

28. Andrews, 2021: 203.
29. Malm, 2020.
30. Véase Ariès, 2017. Una lectura contrapuesta se encontrará en Suing, 2018.

no puede sino oler a un ecofascismo en los hechos desplegado sin mayores aditamentos izquierdistas, y sorprende que Malm no se percate de ello. En el mejor de los casos se limita a señalar que lo de un *comunismo de guerra ecológico* no es sino una analogía figurativa que Malm se permite describir, eso sí, como rica en contenido[31]. No sé, en fin, cómo encaja dentro de la analogía la afirmación malmiana de que esa modalidad de comunismo deberá respetar la libertad de expresión y de reunión[32], dos libertades que en modo alguno participaron de la articulación del *comunismo de guerra* desplegado en la naciente Unión Soviética.

Aunque soy consciente de que lo que agrego ahora acarrea echar mano, acaso de forma poco afortunada, de un caso extremo para ilustrar la imaginable condición del ecomaoísmo, creo que algunos de los cimientos de este último bien pueden encontrarse en el modelo que abrazó en su momento Pol Pot en Camboya. Me refiero a un dirigente político que, presuntamente carismático y adobado de mitología religiosa, no dudó en apostar por una represión extrema que, merced a purgas como las estalinianas, alcanzó al propio aparato de poder y, también, a los sistemas educativo y sanitario. Recuérdese que de resultas de esa represión habría perecido una quinta parte de la población camboyana. En un marco de control pleno, desde el poder, de los recursos, tanto en lo que afecta a alimentos como a materias primas, los desplazamientos forzosos de la población estuvieron a la orden del día mientras se rechazaba cualquier debate y disensión, y se postulaban el secretismo más extremo y la más absoluta falta de transparencia[33].

TECNÓCRATAS DE POR MEDIO

Abro aquí un hueco para rescatar el relieve de un fenómeno que se mueve en estrecha relación, en algún caso conflictiva, con el del ecofascismo. Me refiero al peso que en este último, o en sus

31. Malm, 2020: 167.
32. Malm, 2020: 166.
33. Véase Tandler, 2014.

aledaños, puede corresponder a las propuestas tecnocráticas. Berrojalbiz y Rodríguez Hidalgo se han referido al respecto a una realidad plausible en el futuro: "Un porcentaje creciente de la humanidad dedicará sus fuerzas al trabajo de cultivos agroecológicos (permacultura, claro) bajo la supervisión de capataces con másteres en sostenibilidad y gestión de grupos", al amparo de un modelo que carecerá de antecedentes[34]. Un modelo en el que, eso sí, habrá que dar por descontado que esos capataces serán los responsables mayores de lo que ocurre, y no simples delegados de poderes superiores.

Entiendo que realidades que recuerdan a esa han cobrado cuerpo al calor de los "especialistas rojos" en China[35], impregnados de saber tecnológico pero nada preocupados por los problemas sociales o medioambientales, y al cabo alejados de cualquier consideración que apunte a un posible colapso. O, en Occidente, merced a muchas de esas personas que, a mitad de camino entre el mundo empresarial y la innovación tecnológica, han sido decisivas en la acumulación planetaria de capital y hoy se hallan en la vanguardia de la búsqueda de soluciones individuales ante el colapso mencionado[36]. O gracias a esos científicos cuya sabiduría suele invocar, a buen seguro que cargada de buena intención, Greta Thunberg; lo hace acaso un poco a la desesperada, ante la imposibilidad de encontrar interlocutores fiables y creíbles entre quienes dirigen el sistema[37]. O, por qué no, al amparo de determinado *aceleracionismo* que sugiere que hay que darle un impulso al progreso tecnocientífico para permitir el tránsito desde el capitalismo actual a un poscapitalismo caracterizado por la desaparición del trabajo y por niveles notables de satisfacción[38]. La propuesta tecnocrática, inequívocamente autoritaria, parece disfrutar de apoyos ciertos, y no precisamente marginales, en segmentos del propio mundo ecologista, que ingenuamente apreciarían en ella

34. Berrojalbiz y Rodríguez Hidalgo, 2021: 71-72.
35. Qing, 2021: 31.
36. Garcia, 2020: 80.
37. Garcia, 2020: 42.
38. Villalba, 2021: 97.

una solución eficiente ante problemas como el cambio climático y el agotamiento de las materias primas energéticas, en abierta ignorancia de lo que de manera inequívoca hay por detrás: una ratificación orgullosa del orden de la desigualdad y la jerarquía o, lo que es lo mismo, una modalidad de ecofascismo ahora amparado en los mitos que rodean a la dimensión liberadora de la tecnología.

Es verdad que, al menos en una primera aproximación, el fascismo de siempre casa mal con una propuesta, la tecnocrática que ahora me interesa, que casi por definición es fría y poco emocional, que tiene un carácter poco personalista y que se muestra más bien renuente a aceptar la figura de los dirigentes carismáticos. Aparentemente pragmática, antes que nacional-patriótica, esa propuesta puede encontrar acomodo, sin embargo, en el ecofascismo del futuro, o al menos en las modalidades más prosaicas y eficacistas de este último. Tal vez se perfila, con todo, de la mano de una alianza entre elites nacionales que conservarían buena parte de sus potestades anteriores.

DE NUEVO LA EXTREMA DERECHA

La extrema derecha no aspira a levantarse contra las clases dominantes, sino a ejercer el poder con ellas[39] o, lo que es casi lo mismo, a fusionarse con ellas. Integrada a menudo, sin fisuras, en la lógica del sistema —recuérdese la deriva del Frente Nacional en Francia—, contribuye a fortalecer giros ideológicos entre las fuerzas tradicionales, atrae hacia sí posiciones que formalmente, y con anterioridad, no eran las de estas y permite que parezcan respetables y democráticos partidos conservadores que en modo alguno desdeñan el horizonte de un Estado autoritario y xenófobo.

Aunque hoy por hoy la extrema derecha no es la opción de los poderes económicos y financieros, que prefieren a Macron y a Hillary Clinton, o a Biden, frente a Marine Le Pen y Trump, ya he puesto sobre aviso de posibles corrimientos en escenarios

39. Malm y Zetkin Collective, 2021: 474.

turbulentos. Eso fue lo que ocurrió en Alemania en la década de 1930 al amparo de una deriva hacia la derecha, y en su caso hacia la extrema derecha, de todo el sistema. Si bien es cierto —repito— que el gran capital estadounidense apoyaba con claridad, en 2016, a Hillary Clinton, acabó por acomodarse a la oferta —recortes fiscales, desaparición de regulaciones, beneficios crecientes, energía barata— que le brindaba Donald Trump[40]. Al fin y al cabo, y por otra parte, no eran pocos los terrenos en los que las políticas de Trump exhibían continuidad con respecto a las avaladas por el Partido Republicano en el pasado. Ahí estaban, para testimoniarlo, el rechazo del protocolo de Kioto, la supresión de muchas de las regulaciones recién mencionadas o los estrechos lazos desarrollados con la industria minera y con otros sectores económicos *sucios*[41]. Por no hablar, en fin, y claro, de los numerosos dobleces de las políticas abrazadas por el propio Partido Demócrata. Fue Obama quien dio alas al renacimiento de la producción de combustibles fósiles en Estados Unidos, quien alentó el aprestamiento de nuevos oleoductos, quien propició nuevas explotaciones en la costa de Alaska y quien presumió de que nunca la producción norteamericana de esos combustibles había alcanzado cotas tan altas[42].

40. Malm y Zetkin Collective, 2021: 196.
41. Malm y Zetkin Collective, 2021: 196.
42. Malm y Zetkin Collective, 2021: 196-197.

VI. MUJERES Y ECOFASCISMO

En este capítulo quiero prestar una atención singularizada a algunas de las discusiones que afectan a la condición de las mujeres en el doble contexto del colapso y del ecofascismo, con conceptos como los de *violencia*, *trabajo* y *deuda* en la trastienda. Nada descubro cuando afirmo que el escenario de origen al respecto se ve marcado por una institución, el patriarcado, que constituye un fenómeno anterior a la irrupción del capitalismo y, claro, y también, a la de la Ilustración. Kehinde Andrews ha subrayado con buen criterio que los soldados de los imperios, los líderes coloniales y los patrones esclavistas encabezaron instancias marcadas por el patriarcado y empeñadas en relegar a las mujeres al ámbito estrictamente doméstico[1]. En muchos lugares la colonización se tradujo, por otra parte, en una abyecta manipulación de la naturaleza de las indígenas que reproducía muchos esquemas previamente desarrollados en las metrópolis coloniales. "Ese 'Otro-lejano', que tiene que ser sometido y barbarizado, tiene como referente en Occidente a un 'Otro-cercano': las mujeres", ha escrito Karina Ochoa, quien ha apostillado que el discurso de tutelaje elaborado como justificación para el sometimiento de los pueblos indios tiene un antecedente en la condición de general infantilización de las mujeres[2]. Cierro estas palabras introductorias con el recordatorio de que si

1. Andrews, 2021: XXI.
2. Karina Ochoa, en Martínez Andrade, 2019: 160-161.

hay motivos para entender que el *Antropoceno* es, antes bien, un *capitaloceno* —me referiré dentro de poco a esta idea—, también los hay para concluir que el protagonista mayor del proceso correspondiente no es la "humanidad como tal"[3], sino una humanidad masculina que, claramente connotada, sería protagonista principal de una suerte de *androceno*[4].

VÍCTIMAS DE LA VIOLENCIA

Las mujeres padecen un *continuum* de violencias que a buen seguro se aprestan a pervivir en un modelo ecofascista. Ahí están la violencia física, la sexual, la emocional, la económica y la ideológica[5] en un terreno en que las violencias de tiempo *de paz* se suman a las propias de tiempo *de guerra*[6].

El escenario anterior ha dado pie a situaciones llamativas. En México, y por registrar un ejemplo, las leyes que se proponen contestar la violencia contra las mujeres contrastan vivamente con las prácticas del ejército y de la policía contra las mujeres de las clases populares, contra las indígenas y, también, contra las que cuestionan el orden dominante[7]. Los proyectos extractivistas se han saldado a menudo, por otra parte, en formas manifiestas de represión, con masacres y violaciones, contra las mujeres afectadas[8]. En ese marco no han faltado movimientos de "feminismo comunitario" que desean vincular la defensa del Territorio-Tierra y la del Territorio-Cuerpo, y en particular la del cuerpo de las mujeres indígenas. De nuevo hay un *continuum* entre las violencias coloniales y las recolonizadoras, al amparo de una realidad en la que se reúnen las lógicas de raza y de sexo[9]. Las mujeres son objeto mayor de la violencia en su condición de vanguardia en la

3. Zylinska, 2018: 17.
4. Aragón, 2022: 21.
5. Falquet, 2019: 9.
6. Falquet, 2019: 10.
7. Falquet, 2019: 17.
8. Falquet, 2019: 20.
9. Falquet, 2019: 21.

defensa del territorio y de oposición a los proyectos mineros y a las compañías petroleras[10].

Conviene agregar la certeza, por añadidura, de que la violencia doméstica no tiene un carácter *privado*, sino que es una cuestión política y social global que atiende a "la perpetuación de las relaciones sociales estructurales de sexo, así como del orden social imperante"[11]. Falquet sugiere al respecto que hay un paralelismo entre violencia doméstica y tortura, y, de manera más general, entre violencia contra las mujeres y mecanismos de control social[12]. A mi entender el propio Falquet resume bien los rasgos de la violencia doméstica y —agrego yo—, por extensión, los de la violencia que puede cobrar cuerpo al calor de un proyecto ecofascista: el designio de ocultar, o al menos rebajar, el carácter agresivo de esas dos violencias; la justificación de estas en virtud de la necesidad de educar a la víctima para garantizar el buen funcionamiento del entorno; la atribución a aquella de la culpa de esa violencia; la sugerencia de que todos los maridos, o todos los padres, se comportan inevitablemente igual; la deshumanización de las víctimas; el propósito de subrayar el relieve, supuestamente menor, del fenómeno y, en suma, una desensibilización gradual, encaminada a conseguir que la situación parezca normal[13]. Rita Segato se refiere, en un terreno próximo, a una "pedagogía de la crueldad" que se traduce en una escasa empatía con el sufrimiento ajeno y permite vivir adecuadamente en el orden del consumo y de la cosificación[14]. Añade Falquet —vuelvo a él— que la violencia contra las mujeres, lejos de ser un fenómeno natural, descansa sobre un edificio jurídico preciso que permite reconocer y alimentar un derecho especial propio de la esfera privada. Ese derecho recuerda a muchas de las fórmulas que legitiman la violencia política y surgen en espacios vinculados con leyes de excepción aprobadas en el marco de

10. Silvia Federici, en referencia a un argumento de Rita Segato, en Martínez Andrade, 2019: 132.
11. Falquet, 2019: 23.
12. Falquet, 2019: 23.
13. Falquet, 2019: 43.
14. Rita Segato, en Martínez Andrade, 2019: 84.

sistemas que presumen, sin embargo, de sus vínculos con la legalidad más estricta[15].

EL TRABAJO, LA DEUDA

Salta a la vista que las mujeres desempeñan un papel decisivo en el mantenimiento de las economías, a través del trabajo de cuidados y de la tarea de sustituir al Estado en prestaciones que este último, según una versión de los hechos, debería dispensar. Que el proceso correspondiente ha ido a más lo testimonia un incremento general de la presencia de aquellas en la fuerza de trabajo acompañado, bien es cierto, de una degradación de las condiciones que afectan a esta última[16]. Para que nada falte, la extensión del trabajo informal hace cada vez más arduo distinguirlo del formal[17], ha despuntado una inquietante superposición entre el tiempo de trabajo y el de vida, se impone una creciente dificultad a la hora de separar producción y reproducción, son pocas las dudas en lo que atañe a la centralidad de los cuidados, de la precarización y de la flexibilización laboral, y resultan cada vez más escasos los espacios de autodeterminación y de puesta en común de experiencias[18]. El panorama se completa con una visible feminización de las migraciones, en la forma de un incremento de la presencia, en estas, de las mujeres: son la mitad de las personas migrantes y, en muchos casos, la fuente principal de ingresos para los hogares[19]. Las cadenas globales de cuidados nacen de las desigualdades en las necesidades (re)productivas y en la capacidad para poder pagar por ellas, y generan un flujo internacional de prestadoras y prestadores de cuidados[20].

En la percepción de Astrid Agenjo Calderón varios son, por lo demás, los efectos, entiendo yo que llamados a ratificarse en un

15. Falquet, 2019: 44-45.
16. Agenjo Calderón, 2021: 221.
17. Agenjo Calderón, 2021: 223.
18. Agenjo Calderón, 2021: 222.
19. Agenjo Calderón, 2021: 262.
20. Pavoni y Tomassoni, 2022: 89.

escenario ecofascista, de las políticas neoliberales sobre las mujeres. Los hay de sesgo deflacionario —cuando la actividad del mercado se halla por debajo de lo esperable, las primeras expulsadas son las mujeres, derivadas hacia los trabajos no remunerados—, de sesgo privatizador —cuando se engorda el sector privado, se engorda también el trabajo de cuidados no pagado o mal pagado—, de sesgo del proveedor masculino —se refuerza un reparto de roles entre el hombre proveedor y la mujer cuidadora—, de sesgo del riesgo —la individualización de los riesgos afecta de manera particularmente negativa a las mujeres—, de sesgo del crédito —la financiarización acrecienta la asimetría entre acreedores y deudores, con un impacto especialmente negativo sobre las mujeres, excluidas a menudo de los circuitos financieros—, y, en fin, de sesgo del conocimiento —que al cabo permite legitimar políticas como las mencionadas—[21]. En la trastienda es sencillo concluir que hay que prestar atención al empleo de los varones por el Estado para provocar que su precarización estimule una guerra social y civil no declarada contra mujeres, disidentes sexuales y personas transgénero, pero también contra varones racializados y pobres[22].

No puede rebajarse, en suma, el relieve ingente de la deuda, tanto en el ámbito de lo que ocurre en los hogares —dificultad paralela de mantener niveles de consumo ya de por sí muy reducidos, con una franca continuidad entre precariedad y exclusión, y un activo proceso de hipersegmentación social— como en lo que se refiere a lo que sucede con los Estados —en forma de reducción del gasto social—. El proceso en cuestión, bien conocido desde hace décadas en los países del Sur, se ha hecho manifiesto en un grado u otro en Europa tras la crisis de 2008 y las equívocamente llamadas *políticas de austeridad*[23]. "Son las mujeres —en su cruce con una posición de clase, raza, estatus migratorio, edad, etc.— las que, nuevamente, asumen el rol de protectoras del hogar, garantes del ahorro y responsables últimas —o únicas— del bienestar familiar. Es decir, las mujeres, a partir del despliegue de toda una

21. Agenjo Calderón, 2021: 177-178 y 248.
22. Sayak Valencia, en Martínez Andrade, 2019: 220.
23. Agenjo Calderón, 2021: 254-255.

ingeniería malabar de tiempos y trabajos, se acaban constituyendo como el colchón para amortiguar las debilidades de toda la estructura económica"[24].

CAPITALISMO *GORE*, NECROLIBERALISMO

El capitalismo *gore* descrito por Sayak Valencia se articula en torno a cuatro ejes: la huella del colonialismo, la del racismo y la del clasismo comunes en los países excoloniales; la masculinidad machista y violenta, convertida en maquinaria de guerra al servicio del Estado; la precarización económica y existencial de las poblaciones, en particular las vinculadas con la masculinidad como proveedora, a través de la depreciación de las clases pobres y de la degradación del trabajo, y, en suma, la aceptación de los ideales neoliberales en materia de ascenso social e individualismo[25]. En el marco del necroliberalismo —y en el del ecofascismo, apostillo yo— salta a la vista, por lo demás, que los cuerpos femeninos, los cuerpos pobres y los cuerpos jóvenes tienen menos cabida[26]. Ante semejante panorama no queda sino concluir que cada vez es más necesario un feminismo que conteste todas las formas de dominación, de opresión y de explotación[27].

24. Agenjo Calderón, 2021: 256.
25. Sayak Valencia, en Martínez Andrade, 2019: 217.
26. Sayak Valencia, en Martínez Andrade, 2019: 218.
27. Falquet, 2019: 50.

VII. APOYO MUTUO Y SOCIEDAD ALTERNATIVA

En el capítulo quinto he dejado un tanto en el olvido, de forma premeditada, el último de los horizontes que consideran en su libro Mann y Wainwright. Hablo de lo que llaman *Climate X*, una perspectiva que —recuerdo— remite a un sistema poco afecto a defender el capitalismo y decidido a distribuir la riqueza, todo ello al amparo de una alianza global que operará en nombre de la humanidad y se enfrentará a capitales y Estados-nación. No es mi propósito en estas páginas escarbar en la condición de ese horizonte, que en los hechos ya me ha atraído en los últimos años en alguno de mis libros. Me contentaré en este capítulo con plantear una discusión que subraya que, frente a los intereses del capital y frente a los proyectos jerarquizados y autoritarios que parece llamado a postular, que afectan a todas las modulaciones del ecofascismo, hay una manera diametralmente distinta, la asentada en el decrecimiento, la autogestión y el apoyo mutuo, de actuar ante la tragedia del colapso. Con ese objetivo, y tras recalcar que el ecofascismo no hace sino ratificar atávicas injusticias, prestaré oídos a un análisis muy sugerente —el de Rebecca Solnit— y procuraré identificar algunas de las enseñanzas que, en relación con el apoyo mutuo, nos ha legado la pandemia.

RATIFICAR LA INJUSTICIA

En el meollo de la propuesta ecofascista hay una excelsa paradoja: quienes son los mayores responsables del colapso que se avecina —e incluyo en la lista a las elites dirigentes de los países occidentales pero también, y de forma más reciente, a las de la propia China— serán los que procuren castigar a quienes menos lo son. Michel Magny señala al respecto con buen criterio que lo que solemos llamar *antropoceno* es en buena medida un *occidentaloceno*, o mejor un capitaloceno, de resultas del cual las poblaciones de los países más pobres son las más vulnerables y las que, pese al vigor de alguna tesis que he manejado con anterioridad, muestran capacidades de adaptación más limitadas en el escenario del cambio climático[1].

Acumularé datos en provecho de la conclusión que acabo de adelantar. El primero aduce que, según una estimación, entre 1850 y 2000 los países del Norte del planeta aportaron un 18,8 por ciento de la población del globo pero protagonizaron un 72,7 por ciento de las emisiones de CO_2[2]. En 2014 Estados Unidos era responsable de un 27 por ciento de las emisiones acumuladas de este último, por un 25 por ciento de la Unión Europea, un 11 por ciento de China y un 8 por ciento de Rusia[3]. En la etapa más reciente, sin embargo, China empezaba a asumir un inquietante protagonismo al respecto. Wallace-Wells recuerda que, según otra estimación, si todo el planeta funcionase conforme a los patrones chinos, la temperatura media habrá subido cinco grados

1. Magny, 2021: 34. No faltan, con todo, opiniones que me voy a permitir calificar de pintorescas. Así, R. Mark Musser parece adherirse a la visión, ya glosada, desarrollada por Paul Driessen en su obra *Eco-Imperialism: Green Power Black Death*. Según esa percepción, los ecologistas del Norte serían los responsables del expolio del Sur. Lejos de permitir la construcción de presas y de plantas generadoras de electricidad, se habrían limitado a ofrecer instalaciones de energía solar y eólica, con consecuencias devastadoras en términos de la vida cotidiana de los habitantes de esos países (Musser, 2018: 410). No hay de por medio ninguna mención, claro, del hecho de que la vida en estos últimos es la que es en buena medida por efecto de la acción de las elites del Norte y del expolio al que se han entregado.
2. Villalba, 2021: 129.
3. Blau, 2019: 14.

en 2100[4]. Por otra parte, algo así como un 10 por ciento de la humanidad es responsable del 80 por ciento de los kilómetros que recorren los diferentes tipos de vehículos. En Estados Unidos hay 832 vehículos por cada mil habitantes, y en la Europa occidental 606, frente a los 36 de la India y a los 39 de África[5]. En semejante escenario lo suyo es subrayar que buena parte de la población humana no viaja nada. A duras penas sorprenderá, entre tanto, que, como cabe esperar, la huella ecológica de los países pobres se halle muy por debajo de la que exhiben la América septentrional y la Europa occidental.

El panorama se completa con el recordatorio de que las desigualdades no remiten. Según un estudio, entre 1980 y 2016 el 50 por ciento más pobre de la población mundial solo se benefició de un 12 por ciento del crecimiento económico, frente al 27 por ciento que iba a parar a manos del 1 por ciento más rico[6]. El ya citado Magny concluye que estamos regresando a niveles de desigualdad propios del siglo XIX[7]. Un informe de Oxfam datado en 2020 afirmaba que el 1 por ciento más rico de la población mundial detentaba más del doble de las riquezas a disposición del 92 por ciento más pobre, esto es, de casi siete mil millones de seres humanos[8]. Los efectos del cambio climático se hacen sentir con fuerza singular, por lo demás, en la mayoría de los países pobres. Wallace-Wells asevera que, con la única excepción de Australia, todos los países llamados a padecer con mayor intensidad esos efectos tienen una baja renta per cápita[9]. Para que nada falte, las enfermedades de aparición reciente —no pienso ahora en el COVID-19— suelen castigar de manera más dura a los países pobres, lastrados por sistemas sanitarios más precarios.

Los países pobres son, en otro terreno, el origen principal, por no decir único, de las migraciones climáticas. Cada año se

4. Wallace-Wells, 2019: 45.
5. Malm y Zetkin Collective, 2021: 363.
6. Magny, 2021: 95.
7. Magny, 2021: 95.
8. Magny, 2021: 113.
9. Wallace-Wells, 2019: 24.

registran 25 millones de nuevos migrantes climáticos, víctimas de catástrofes como huracanes, inundaciones o sequías[10]. Muchos conflictos bélicos parecen guardar relación, por otra parte, con el cambio climático. Ahí están, para testimoniarlo, los casos de Darfur o de Siria[11]. En otros escenarios la escasez de los recursos provoca revueltas populares. En la trastienda, los residuos no tratados son mucho más frecuentes en los países pobres, a los que a menudo van a parar los tratados en los ricos. Mientras en los primeros, en los pobres, solo se trata un 39 por ciento de esos residuos, en los segundos el guarismo alcanza un 96 por ciento[12].

Extraigo una rápida conclusión que bebe de una comparación entre las consecuencias económicas del cambio climático y la responsabilidad en la gestación de este último. Un caso llamativo es el de la India, que tendría que arrostrar unos efectos económicos negativos cuatro veces superiores a los que apunta su responsabilidad en la gestación del fenómeno. El modelo contrario sería, al menos hoy, el de China, que tendría cuatro veces más responsabilidad que la del daño que recibiría[13]. En el buen entendido de que en clave histórica de largo aliento el liderazgo en este terreno —el de una responsabilidad mucho mayor que la del daño recibido— corresponde con claridad a los países occidentales.

LA SOCIEDAD ALTERNATIVA

Creo poco fundamentada la crítica de Renaud Garcia[14] que señala que quienes hemos realizado algún esfuerzo encaminado a perfilar los rasgos de una sociedad alternativa que podría emerger después del colapso habríamos sucumbido a la doble tentación del

10. Gemenne y Rankovic, 2019: 56.
11. Gemenne y Rankovic, 2019: 58.
12. Gemenne y Rankovic, 2019: 85.
13. Wallace-Wells, 2019: 194.
14. Garcia, 2002: 32-33.

pensamiento mágico y de la proyección utópica. No sostengo en momento alguno que esa sociedad alternativa va a germinar necesariamente. Antes bien dedico mi tiempo —es fácil comprobarlo— a estudiar otros horizontes como, sin ir más lejos, el propio del ecofascismo. Y procuro dejar claro que las perspectivas que se abren en la estela del colapso son muy distintas y, generalmente, y por tétricas, muy delicadas y poco estimulantes. Cuando hablo de esa sociedad alternativa, mi único propósito es subrayar que hay opciones distintas de las que postulan los poderes de siempre, y no creo que en ello haya ni pensamiento mágico ni proyección utópica. Aun cuando esta última no es en modo alguno desdeñable. En realidad, creo que lo que hice en *Colapso*, el libro que entregué a la imprenta en 2016, y en particular lo que asumí como tarea en las páginas dedicadas a la condición de una posible sociedad alternativa, tiene, por el contrario, la virtud de romper amarras con las versiones del propio colapso que, a menudo con lúcida razón, critica Garcia en su libro.

Ya he señalado que mi objetivo ahora no es acometer una descripción de los rasgos previsibles de esa sociedad alternativa. Me contentaré con anotar tres rápidas observaciones. La primera sugiere que un cometido principal en el camino de construcción de ese mundo alternativo debe consistir en escarbar en lo que está por debajo del suelo de nuestras sociedades, a la manera de las ideas que manejó en su momento un pensador anarquista alemán poco leído: Gustav Landauer. Por detrás despunta la convicción de que la gente común está más impregnada de lo que parece de la lógica de lo colectivo y de la solidaridad. Me remito al respecto, por cierto, al análisis de Rebecca Solnit que inmediatamente atraerá mi atención. Pareciera como si lo del apoyo mutuo solidario tuviese una biológica raíz estrechamente vinculada con la defensa orgullosa de lo colectivo. Creo firmemente, en paralelo, que las prácticas democráticas surgen cuando las comunidades humanas deciden ocuparse de sus asuntos al margen del Estado. "La ausencia del poder del Estado significa la ausencia de todo mecanismo sistemático de coerción en la aplicación de las decisiones", escribió en su momento

David Graeber[15] de la mano de un argumento que invita a recelar de aquellos proyectos que no hacen otra cosa que, en franco olvido de lo que significa la palabra *autogestión*, plantear demandas a instituciones caracterizadas por jerarquías, separaciones e intereses muy connotados.

Una segunda observación aconseja concluir que hay que defender, y de manera recia, la perspectiva anticolonial frente a lo que significa el expolio de los recursos humanos y materiales de los países del Sur. Al respecto se impone restituir lo que en su momento se sustrajo, reconocer el derecho de autodeterminación de los pueblos originarios y recuperar sabidurías ancestrales. Todo ello en la certeza de que los conceptos que hablan de lo *común* y de la *comunidad* tienen en los países del Sur un vínculo mucho más fuerte con la tierra que el que aportan los vocablos correspondientes en los del Norte, de tal forma que, de resultas, son mucho más corpóreos y materiales[16]. Las culturas precapitalistas que perviven en muchos escenarios del Sur ofrecen alternativas muy sugerentes frente al individualismo productivista dominante en el Norte y, claro, frente al expolio del planeta.

Siempre con el horizonte de dejar atrás el capitalismo y sus reglas, pero también con la perspectiva de hacer frente a colapsos y ecofascismos, creo que no está de más que agregue, en tercer y último lugar, que hay siete tareas que entiendo urgente acometer. Las he resumido en los últimos años en otros tantos verbos que creo que tienen un significado fácilmente entendible: decrecer, desurbanizar, destecnologizar, despatriarcalizar, desmilitarizar, descolonizar y, en fin, descomplejizar. Con el firme propósito, en la trastienda, de dejar atrás el capitalismo. Un imaginable resultado de la aplicación consecuente de esas tareas bien puede serlo la recuperación del viejo proyecto libertario de la sociedad autoorganizada desde abajo, desde la autogestión, desde la democracia y la acción directas, y desde el apoyo mutuo. La concreción en el marco de la sociedad

15. Graeber, 2018: 87.
16. Manrique, 2019: 17-18.

poscolapsista de ese proyecto parece llamada a exhibir rasgos como el regreso, en el terreno energético, de viejas tecnologías y hábitos, en un escenario de menor movilidad y de retroceso visible del automóvil en provecho del transporte público; el despliegue de un sinfín de economías locales descentralizadas; el asentamiento de formas de trabajo más duro, pero en un entorno mejor, sin desplazamientos, con ritmos más pausados, con el deseo de garantizar ante todo la autosuficiencia, y sin empresarios ni explotación; la progresiva remisión de la sociedad patriarcal, en un marco de reparto de los trabajos y de encaramiento de la pobreza femenina; una reducción de la oferta de bienes, y en particular de la de los productos importados, en un marco de sobriedad y sencillez voluntarias; una sanidad descentralizada basada en la prevención, en la atención primaria y en la salud pública, con un menor uso de medicamentos; el desarrollo de fórmulas de educación/deseducación extremadamente descentralizadas; una general desurbanización, con reducción de la población de las ciudades, expansión de la vida de los barrios y progresiva disolución de la separación entre el medio urbano y el rural; una activa rerruralización, con crecimiento de la población del campo en un escenario definido por las pequeñas explotaciones y las cooperativas, la restauración de las tierras comunales y la desaparición de las grandes empresas; una vida política marcada por la autogestión y la democracia directa, y, en fin, la recuperación de la vida social y de las prácticas de apoyo mutuo.

El título, de vocación sagazmente humorística, de un libro de John Michael Greer —en una imaginable traducción castellana rezaría *Colapse ahora y evite aglomeraciones*—[17] remite al designio de empezar a construir ya los rasgos propios de la sociedad colapsista. Y de hacerlo en la certeza de que el cambio climático todavía no ha hecho sentir sus consecuencias más negativas y de que aún disponemos de materias primas energéticas en cantidades importantes, en la convicción de que el colapso tendrá efectos saludables en

17. Greer, 2015.

lo que se refiere a desjerarquización, rerruralización y autonomía local, y en la intuición —ya mencionada— de que bien puede reducir muchos de los problemas que arrastramos en lo que atañe a la propiedad privada y a la deuda.

PARAÍSOS EN EL INFIERNO

En un libro de lectura muy recomendable, que en su versión castellana lleva por título *Un paraíso en el infierno*[18], la ensayista norteamericana Rebecca Solnit ofrece una sugerente reflexión sobre una materia muy próxima a aquellas que me atraen en este breve capítulo. Estudia en esa obra cómo las clases populares, y también las que no lo son, reaccionan en escenarios de catástrofe. Por proponer algunos ejemplos de estos últimos a los que Solnit presta atención, ahí están los del terremoto de San Francisco de 1906, la explosión de Halifax en 1917, los bombardeos sobre Londres durante la Segunda Guerra Mundial, el terremoto, de nuevo, registrado en la capital mexicana en 1985, los atentados de Nueva York y de Washington en 2001 o el huracán

18. Solnit, 2020. Cuando empecé a leer el libro, di por descontado —supongo que en virtud de una consideración prejuiciosa de la condición del país en que se gestó, y del hecho paralelo de que buena parte de los casos de los que bebe son norteamericanos— que a sus páginas no se asomarían anarquistas, comunistas y socialistas. Por fortuna me equivoqué, en el buen entendido de que, para mayor riqueza de la obra, aparecen también muchas gentes que no pueden encajarse en ninguna de esas tres categorías. Tiene sentido acercarse, por lo demás, a otro libro, el de Rutger Bregman, titulado *Human Kind. A Hopeful History* (Bregman, 2020), de perfil en un grado u otro similar al de Solnit. La obra de Bregman no parece partir, sin embargo, de la idea de que vamos a peor: lo que identifica es una línea de progreso (Bregman, 2020: 13) de la que participarían los hábitos solidarios y altruistas, sin voluntad mayor de contestar en sus páginas, de resultas, y al menos en mi percepción, la lógica de la Ilustración y, al cabo, el propio colonialismo. No es eso lo que yo percibo, sin embargo, en la obra de Solnit, que apunta más bien a nuestra capacidad de reaccionar de manera eficiente ante tragedias que muy probablemente van a hacerse más frecuentes. Aun con ello, Bregman defiende tesis similares a las de Solnit en relación, por ejemplo, con los bombardeos alemanes sobre Inglaterra durante la Segunda Guerra Mundial: la salud mental de la población mejoró y años después a menudo se hacía valer la nostalgia de la camaradería que se abrió camino en esos años, frente a los pronósticos de los expertos militares, que auguraban una quiebra de la moral de la población (Bregman, 2020: XVI). Cierto es que fenómenos similares despuntaron también en la Alemania castigada por los bombardeos aliados (Bregman, 2020: XVIII).

Katrina en Nueva Orleans en 2005. Conviene subrayar que no todas estas catástrofes tienen un carácter natural o plenamente natural. Bastará con recordar que en el terremoto de 1985 en México muchas personas murieron por efecto de deficiencias en los edificios, de fraudes y de las acciones y omisiones de un Gobierno corrupto[19].

Solnit afirma que en escenarios como los mencionados las clases populares suelen reaccionar ante la catástrofe con coraje, civismo, alegría y, por encima de todo, solidaridad, y apostilla que sobre la base de esa certificación los cambios son posibles y profundos. Pese a que el cine de catástrofes y los medios de comunicación hurgan en el lado histérico, vicioso o violento de la gente de a pie[20], en la percepción de Solnit los hechos acostumbran a ser muy diferentes. Lo que aparece retratado en *Un paraíso en el infierno* es una realidad en la que se da cita un puñado de elementos de interés. Así, se revela una sensación de pertenencia y unidad, frente al aislamiento y la alienación que suelen caracterizar la vida cotidiana[21]. Los liderazgos, por otra parte, se disuelven y lo habitual es que se recele de las intervenciones ajenas a la comunidad recién configurada. La lógica de la solidaridad y de la empatía se impone frente a la de la caridad[22]. Para que nada falte, y en ocasiones, "quienes sufren los efectos más profundos y devastadores del desastre son también los que hallan algún tipo de redención en la experiencia"[23] en cuestión, y no es infrecuente que se hagan valer dimensiones del desastre que la gente desearía que durasen para siempre[24]. Y es que lo que a veces estimamos que constituye el contexto idóneo para la felicidad no es más que el "aislamiento frente a la profundidad emocional"[25]. Se antoja vital al respecto que las personas puedan ejercer su "capacidad de improvisación, altruismo y

19. Solnit, 2020: 216.
20. Solnit, 2020: 36 y 162.
21. Solnit, 2020: 176.
22. Solnit, 2020: 144.
23. Solnit, 2020: 47.
24. Solnit, 2020: 66.
25. Solnit, 2020: 48.

solidaridad", y se alejen, de resultas, de las reglas que imponen el orden y el control[26]. De por medio se manifiestan, en suma, conductas marcadas por la tranquilidad, la alegría y la satisfacción en la tragedia, pese a esta y pese a lo que intentan retratar tantas veces los medios, empeñados en subrayar que los integrantes de las clases populares asumen conductas violentas e insolidarias. Como no podía ser menos, y para terminar, las mujeres, particularmente capaces a la hora de compartir preocupaciones y habilidades, desempeñan papeles vitales: el "cuidar y hacer amigos" se sitúa claramente por encima de las estrategias de "lucha o huida"[27].

Por las páginas del libro de Solnit pasan tiendas de campaña, mantas, alfombras, comedores sociales, dispensarios médicos gratuitos, escuelas improvisadas... Los bienes y la comida se comparten, las personas asumen las tareas más diversas, se extienden los cuidados y la vida se hace en la calle. Muchas veces, y por añadidura, la gente común llega antes al escenario de la catástrofe que los servicios de ayuda y de búsqueda de supervivientes, sin que a ello le presten atención, de nuevo, los medios[28]. Frente a la rigidez de las instancias oficiales, y como sucede en las sociedades tradicionales, el dinero pierde su valor. Pero por detrás de esas páginas está también el concepto de *comunidad*. Y es que importan, claro, y mucho, los antecedentes: cuando hay una comunidad previa, y cuando opera un recuerdo vivo de lo que significaron insurrecciones y dictaduras[29], las cosas son más fáciles e invitan a concluir que la disolución de los Gobiernos no es en modo alguno la disolución de la sociedad[30]. Con toda evidencia la oleada neoliberal ha procurado arrebatarnos esa comunidad y, con ella, los lazos sociales y la conciencia de compartir un destino[31]. Con razonable éxito ha intentado acabar con las sociedades tradicionales, basadas en compromisos profundamente asumidos y firmes, y levantadas

26. Solnit, 2020: 208.
27. Solnit, 2020: 152.
28. Solnit, 2020: 218.
29. Solnit, 2020: 230.
30. Solnit, 2020: 91.
31. Solnit, 2020: 16.

sobre redes de solidaridad y afecto, y no sobre un individualismo extremo[32].

Solnit subraya que en los momentos críticos solemos sopesar con mayor rigor la condición de los sistemas en los que vivimos. Apreciamos con mayor claridad sus miserias y sus objetivos, y somos más capaces de separar lo importante de lo que no lo es[33]. Somos particularmente conscientes, en singular, de la miseria que rodea a todos los estamentos de poder. Porque en situaciones de desastre es más fácil apreciar la conducta vil de los poderosos, y su pánico ante lo desconocido[34]. "Los poderosos ven en el resto de la humanidad un reflejo de sí mismos. En una sociedad basada en la competición, los menos altruistas son los que tienden a llegar más arriba"[35]. Les preocupa más el beneficio que lo que pueda ocurrir con los seres humanos o con la calidad del medio natural[36]. Vinculan estrictamente la libertad con el beneficio personal[37] y se muestran indiferentes, arrogantes y violentos[38]. Piensan que son decisivos, y tal vez por ello construyen formidables refugios. Las fuerzas represivas, entre tanto, actúan, claro, como tales, y castigan a los más pobres y abandonados. Su misión, en todos los momentos, pero de forma especial con ocasión de las catástrofes, es controlar y reprimir, en todo momento al servicio de los poderosos y del designio de "restaurar las injusticias y discriminaciones de siempre"[39]. Responsables de las violencias más notorias, es harto común que se entreguen al robo y a los abusos.

Obligado estoy, aun con todo, a reseñar dos discusiones importantes que, llegado el caso, pueden provocar dudas en lo que hace a la claridad de algunas de las conclusiones de Solnit. La primera se despliega en forma de pregunta: una vez que el escenario

32. Solnit, 2020: 29.
33. Solnit, 2020: 11.
34. Solnit, 2020: 11.
35. Solnit, 2020: 209.
36. Solnit, 2020: 13.
37. Solnit, 2020: 14.
38. Solnit, 2020: 15.
39. Solnit, 2020: 155.

de la catástrofe haya quedado atrás, ¿se mantendrá la pulsión solidaria con el paso del tiempo o esta debe vincularse estrechamente con el golpe y la sorpresa? Solnit señala, en un terreno de interés, que en el desastre las gentes suelen olvidar los planes a largo plazo[40]. ¿Los recuperarán después? La segunda recuerda que la propia Solnit es consciente de que las excepciones no faltan. No siempre las conductas son solidarias y alcanzan a todos los integrantes de la población castigada. Y no es en modo alguno sencillo, en particular en los países del Norte, que las realidades saludables que despuntan en el momento inicial den pie a transformaciones radicales.

APOYO MUTUO Y PANDEMIA

El último, o el penúltimo, de los hitos de la operación que se propone romper los lazos sociales y acabar con la comunidad lo ha aportado —y vuelvo a ella— la pandemia. Albert Camus entendía que las plagas borraban el carácter único de la vida de cada ser humano singular y subrayaban la incapacidad de planificar el futuro[41]. Bastará con que recuerde que —poblaciones frágiles e inseguras como las que configuramos, temerosos del peligro de contagiarnos y morir[42], e imbuidos de un individualismo extremo— al amparo de la pandemia hemos sido tratados como apestados que debíamos mantener una permanente distancia social. No solo eso: hemos asistido en paralelo a un auge espectacular de las comunicaciones digitales. Se ha asentado de manera manifiesta el *homo digitalis*, condenado a emplear dispositivos en virtud de los cuales es objeto de un control permanente, se dificulta su incorporación a instancias comunitarias y contestatarias, y se convierte en una fuente de beneficios adicionales, vía el conocimiento de datos relativos a su conducta, para las grandes

40. Solnit, 2020: 63.
41. Krastev, 2022: 2.
42. Fusaro, 2021: 82.

empresas[43]. De la *open society* hemos pasado a la *locked down society*, en provecho de una suerte de Leviatán terapéutico[44], al tiempo que, según otra formulación, la *inmunitas* ha acabado por disolver la *communitas*.

Es verdad, eso sí, que no han faltado las resistencias, que en un grado u otro beben de lo que se antoja, habida cuenta de lo anterior, una paradoja: con su carácter global la pandemia ha fortalecido en muchas ocasiones la noción de interdependencia y de pertenencia a una realidad común[45]. Una de las huellas de las resistencias que me ocupan la aportaron esos grupos de apoyo mutuo que se perfilaron en los momentos iniciales de los confinamientos. He dicho muchas veces que me interesaban por tres razones distintas. La primera, y la menos importante, tiene un carácter casi filológico: me refiero al hecho de que muchos de esos grupos decidiesen autodescribirse como eso, como grupos de *apoyo mutuo*, empleando al respecto el término que da título a un conocido libro en el que Kropotkin demuestra empíricamente que hay muy numerosos y muy consistentes ejemplos de especies animales que progresan a través de la cooperación y la solidaridad, y no de resultas de la competición más feroz, del codazo más descarnado. La segunda, mucho más relevante, me obliga a señalar que hasta donde llega mi conocimiento en la mayoría de los casos esos grupos los perfiló la gente común, de tal forma que no fueron creados por activistas hiperconscientes de movimientos sociales críticos. Me permito agregar una tercera razón: por motivos que estimo son obvios, en esos grupos había una franca preponderancia de mujeres, toda vez que cuando lo que se halla en juego es el mantenimiento de la vida, las mujeres suelen estar un paso por delante.

El fenómeno que acabo de mal glosar tuvo una dimensión planetaria, tal y como lo retrata un libro colectivo que, titulado *Pandemic Solidarity*[46], recoge experiencias desarrolladas en luga-

43. Fusaro, 2021: 215.
44. Fusaro, 2021: 252-253.
45. Krastev, 2022: 8.
46. Sitrin y Colectiva Sembrar, 2020.

res varios como Rojava, Turquía, Iraq, Taiwán, Corea del Sur, la India, Sudáfrica, Portugal, Grecia, Italia, Reino Unido, Argentina y Brasil. En esa obra se retratan muchos menesteres que aparecen también en el texto de Solnit. Citaré entre ellos la distribución de víveres; la entrega de estos a personas necesitadas como ancianos, niños o discapacitados; el apoyo a madres con hijos pequeños; la atención manifiesta a través de la medicina comunitaria que cobró cuerpo en lugares como Taiwán y Grecia[47]; la asistencia psicológica; la ayuda dispensada a inmigrantes y refugiados; los comedores populares articulados por los primeros; el respaldo recibido por grupos minorizados —así los gitanos— y presos, o la fabricación de mascarillas.

Con un objetivo universal, el fortalecimiento de los lazos sociales merced al trabajo colectivo y a la alegría de ayudar a quienes lo necesitaban, algunos de estos grupos actuaron en franca confrontación con instituciones que nada hacían o estaban desbordadas. Cierto es que su relación con las instituciones se ajustó a modelos muy dispares. Si en ocasiones —Rojava— se registró un solapamiento entre iniciativas de base e instancias políticas como las forjadas al calor del confederalismo democrático y no faltaron ejemplos de colaboración con las autoridades municipales (la experiencia de Milán)[48] o de relación (Iraq, por ejemplo) con movimientos que habían crecido en un escenario de crisis permanente, en otros casos estas redes acometieron un abierto cuestionamiento de los mecanismos represivos y de la militarización que acompañaron al encaramiento de la pandemia. Y en singular se opusieron a aquellos modelos que en algo olían a un incipiente ecofascismo como el desplegado en la Turquía de Erdogan a través de un apoyo descarado a los empresarios —exenciones fiscales, postergamiento en el pago de créditos, ayudas a los negocios endeudados— y de un olvido manifiesto de las gentes de a pie[49]. Lo importante era, sin más, que el negocio siguiese fluyendo. En

47. Chia-Hsu Jessica Chang, en Sitrin y Colectiva Sembrar, 2020: 56; EP y TP, en Sitrin y Colectiva Sembrar, 2020: 154.
48. Eleanor Finley, en Sitrin y Colectiva Sembrar, 2020: 152.
49. Seyma Özdemir, en Sitrin y Colectiva Sembrar, 2020: 20-21.

semejante teatro a duras sorprenderá que, mientras las instituciones procuraron en muchos lugares segar la hierba por debajo de estos grupos, muchos medios de comunicación se entregaron a la tarea de demonizar su actividad en un marco general de desprecio por iniciativas que ponían de relieve el papel, misérrimo y represivo, del Estado.

VIII. UNA RÁPIDA CONCLUSIÓN

El camino que nos conduce desde la *normalidad* hasta colapsos y ecofascismos no empezó ayer. Si así lo queremos, algunos de los hitos que lo han jalonado han sido los atentados del 11 de septiembre de 2001, con la parafernalia antiterrorista acompañante; la crisis de 2007-2008, con la eclosión del capitalismo financiero y bancocrático, y la pandemia registrada a partir de 2020, con la entronización de otro capitalismo, como es el del comercio digital y el de las grandes farmacéuticas[1]. Por añadidura, en los últimos tiempos se han ido acumulando las noticias que, por muchos conceptos, parecen emplazarnos en una suerte de antesala del colapso. Recordaré al respecto —ya lo he mencionado en un capítulo anterior— que en el otoño de 2021 se hicieron valer cortocircuitos en muchos de los flujos industriales, comerciales y financieros, se revelaron problemas de suministro de materias primas energéticas y subieron espectacularmente los costos de movimiento de las mercancías, a lo que se sumó el globo sonda austriaco al que también me he referido. El ciclo, hasta hoy, se cierra con las secuelas, impredecibles, de la guerra ucraniana. Por detrás es fácil apreciar una aceleración muy notable de muchos procesos y, con ella, una creciente dificultad a la hora de encararlos, con la intuición, en la trastienda, de que acaso no estamos en la antesala del colapso, sino en el colapso mismo.

1. Fusaro, 2021: 23.

Las cosas como fueren, y en ese escenario, lo menos que puede decirse es que en muchos de los estamentos de poder del planeta ha ganado terreno la idea de que el cambio climático y el agotamiento de las materias primas energéticas son realidades muy graves que afectan a la lógica entera del sistema y reclaman respuestas. Una de ellas, que no tiene a buen seguro un peso marginal, es el *ecofascismo*. La propuesta correspondiente obedece, en una de sus dimensiones fundamentales, al designio de recuperar un dominio pleno e incontestado en provecho del capital, en general, y, en su caso, de unos capitales sobre otros. En ese terreno, el ecofascismo parece llamado a ratificar muchas de las reglas del imperialismo de siempre, en el buen entendido de que ahora el designio en cuestión exhibe, junto con otras, una importantísima matriz ecológica. Ya me he permitido señalar que, en ese marco, los habitantes de los países ricos —y las elites, agrego ahora, de muchos lugares que no responden a esta descripción— están poco dispuestos a renunciar a niveles de consumo y de *status* social, y en modo alguno se muestran solidarios con los integrantes de las generaciones venideras, con muchos de los pobladores del Sur del planeta y con los miembros de las demás especies con las que sobre el papel compartimos este último. Una fórmula que retrata lo anterior de manera gráfica es la que recuerda que los turistas ejemplifican la "buena globalización", en tanto que los refugiados representan el lado amenazador de aquella[2].

Parece obligado subrayar, por otra parte, que el ecofascismo nace de la condición de un capitalismo incipiente. Si durante décadas la corriente dominante en el capitalismo realmente existente ha sido aberrantemente cortoplacista, de tal forma que a poco más aspiraba que a multiplicar de forma espectacular los beneficios en un período muy breve, sin ningún proyecto mayor de futuro, hoy se perciben con claridad los rasgos de un capitalismo nuevo que, consciente de lo que en el terreno ecológico se nos echa encima, sí tiene, por desgracia, un proyecto de futuro. Cierto es que ese proyecto exhibe al tiempo un carácter criminal tanto

2. Krastev, 2022: 20.

en lo que hace a los objetivos —marginación y exterminio— como en lo que respecta a las herramientas. Al fin y al cabo el sustantivo que se incorpora al término *ecofascismo* se justifica en buena medida de resultas de la mentada naturaleza criminal del proyecto en cuestión, que invita a concluir que tal proyecto no constituye una respuesta ante el colapso, sino, antes bien, una forma singular de este último. Una de las señales de la fortaleza del proceso que me ocupa es un progresivo engrosamiento de las funciones represivas propias de la institución Estado, que como siempre, y con toda evidencia, se halla al servicio de las clases dominantes. Otra asume la forma de un renacimiento de organizaciones como la OTAN, que anuncia un horizonte planetario —también lo he recordado en su momento— de militarización, crecimiento en el gasto en defensa, negocios para la industria de armamentos, autoritarismo, represión de las disidencias, injerencias e intervenciones. Aunque en semejante escenario parece haberse instalado la conclusión de que para hacer frente a la crisis ecológica en sus múltiples manifestaciones es preciso aceptar el asentamiento de fórmulas autoritarias del más diverso cariz, no queda más remedio que afirmar, y hacerlo con rotundidad, que esas fórmulas se encaminan a ratificar una estrategia de dominación más allá de la ecología y sus reglas, a través de inquietantes programas —lo repito— de marginación o de exterminio, y con franco ahondamiento de la crisis social, de las separaciones y de la represión.

Conviene, aun así, que nos alejemos de aquellas visiones que entienden que la suerte está echada y que el resultado de la partida no puede ser otro que la entronización, con unos perfiles u otros, del proyecto ecofascista. Hay quien piensa que el gran capital, las corporaciones, las bolsas, los Gobiernos que los amparan y los aparatos represivos y mediáticos de los que se han dotado están en el origen de todas las tensiones que se registran en el planeta. Si el argumento tiene, ciertamente, su fundamento, no nos obliga, sin embargo, a tirar la toalla. Por lo pronto, esas instancias no son tan inteligentes y capaces como pudiera parecer. Aunque son impecables los análisis, ya invocados, de Naomi Klein en lo que respecta a la capacidad que el capital muestra en lo que atañe a utilizar en provecho propio las catástrofes naturales, las disfunciones y los errores en modo alguno faltan en la gestión global correspondiente. Esto aparte, las instancias que ahora me interesan a menudo compiten descarnadamente entre sí, circunstancia que abre hendiduras, de nuevo, en el edificio de su poder. Aunque hoy todas ellas están marcadas indeleblemente por la lógica del capital, las pulsiones imperiales revelan también elementos de diferencia y de competición que dibujan un panorama cualquier cosa menos plácido. Para cerrar el círculo, en fin, el colapso parece inequívocamente llamado a cruzarse de por medio y a debilitar de forma sensible la capacidad de poderes tradicionales que dependen en demasía de energías y tecnologías que van a escasear. Así las cosas, está servida la conclusión que señala que un sistema incapaz de evitar su colapso a duras penas puede presentar esta circunstancia como una virtud, por mucho que se apreste a sacar partido de la situación en cuestión.

Más allá de lo anterior, y en un terreno distinto, la crisis sin fondo del capital tiene que ser aprovechada por resistencias que cabe esperar que sean muy distintas de las que en tantos lugares cobraron cuerpo en el siglo XX. Aunque es posible que esas resistencias hayan de aguardar al poscolapso para plasmarse en plenitud, lo suyo es que prestemos oídos a su condición presente. Su apuesta debe asentarse, antes que nada, en un rechazo, desde la democracia directa y la autogestión, de los procedimientos autoritarios inherentes al ecofascismo. Ese rechazo se desplegará desde lo que en unos escenarios serán espacios autogestionados de nueva creación y en otros comunidades ancestrales, de tal suerte que se reunirán —ojalá— pulsiones anticapitalistas y flujos precapitalistas. En muchos casos esas realidades lo que procurarán será preservar y recuperar, antes que introducir algo nuevo. Hablo de instancias que remiten inmediatamente al concepto de *comunidad* y, en otra dimensión, al poder destituyente invocado por Agamben[3]. Aclararé, en fin, que no defiendo los espacios autónomos y las comunidades primitivas sin más: postulo su coordinación y su voluntad de sublevación.

3. Wainwright y Mann, 2020: 183.

No tengo dudas en lo que hace a la naturaleza de la terapia que deben desplegar esas instancias de resistencia. Ya he señalado que en ella tienen que reunirse la aplicación de frenos de emergencia que permitan salir del imaginario miserable del crecimiento, la apuesta por una redistribución radical de la riqueza y la defensa de formas de organización social y colectiva que dejen atrás el capitalismo. Si se trata de garantizar que la especie humana siga existiendo, importa, y mucho, saber cómo y en qué condiciones. Al respecto debe hacerse valer el recordatorio de que buena parte de la historia de esa especie se ha vinculado con fórmulas de autogestión y de apoyo mutuo, de tal manera que no hay motivos para concluir que esas reglas han desaparecido para siempre. Es verdad, eso sí, que en el escenario posterior al colapso las tensiones no faltarán. Lo más probable es que adquieran carta de naturaleza, en espacios geográficos a menudo próximos entre sí, realidades muy dispares que en unos casos reflejarán la pervivencia de los poderes tradicionales y en otros el ascendiente de opciones alternativas como las que aquí defiendo, sin cerrar, claro, el paso a otros horizontes, con un corolario insorteable: la diversidad de resistencias, de comunidades y de historias de la que hablo hace difícil creer en la consolidación de algo que huela a una *soberanía planetaria*[4]. Pero el teatro del poscolapso, que por muchos conceptos será el de una tragedia global, bien puede borrar de un plumazo —ya lo sugerí en su momento— muchos de los problemas que hoy nos acosan en materia de propiedad privada y de deuda. Las cosas como fueren, parece llevar razón Harari cuando afirma que el final de la historia se ha pospuesto[5]. Agrego yo que sobran los motivos para concluir que seguirá posponiéndose.

En 1965, y con notables capacidades de anticipación, André Leroi-Gourhan se refirió a un curioso legado del antropoceno:

> Parece que estamos siendo testigos de las últimas relaciones libres entre el ser humano y el mundo natural. Liberado de sus herramientas, de sus

4. Wainwright y Mann, 2020: 188.
5. Harari, 2022: 21.

gestos, de sus músculos, de la programación de sus actos, de su memoria, liberado de su imaginación por la perfección de los medios televisivos, liberado del mundo animal y vegetal, del viento, del frío, de los microbios, de lo desconocido de las montañas y de los mares, el *Homo sapiens* de la zoología está probablemente en el final de su carrera[6].

Los acontecimientos más recientes, y pandemia aparte, parecen ratificar el buen sentido del juicio de Leroi-Gourhan. La liberación que nos prometían ha asumido la forma de sumisión interiorizada, de expansión de las enfermedades mentales, de dudas sin cuento con respecto al futuro en el terreno de la economía y la organización social, y, en fin, de una zozobra general que nace de la identificación del sinfín de callejones sin salida al que nos han conducido.

Cuenta Horvat que, con ocasión de un terremoto que se reveló durante la pandemia, el Gobierno croata emitió dos mensajes manifiestamente contradictorios. Por un lado, la población debía abandonar las casas (para hacer frente a las consecuencias previsibles del terremoto) y por el otro tenía que permanecer en ellas (para plantar cara a la pandemia y respetar las medidas de distancia social)[7]. La locura en curso obliga a aseverar que los mismos que han creado los problemas se disponen a salvarse a costa, una vez más, de sus víctimas. En ese atolladero, y tal y como lo recuerda el propio Horvat, "en lugar de 'regresar a lo normal', deberíamos encarar lo 'normal' como el verdadero problema".

6. Citado en Camatte, 2020: 74.
7. Horvat, 2021: 163.

EPÍLOGO A ESTA TERCERA EDICIÓN

Al cabo de dos años, *Ecofascismo* ha llegado a su tercera edición. No parece que se hayan demostrado justificados los pronósticos que auguraban que un libro como este, de carácter visiblemente especulativo —ya lo anuncié en el prólogo—, tenía poco futuro. Mi impresión es que, antes bien, ha ayudado a asentar un término y un concepto que hoy disfrutan de un uso razonablemente común y ha puesto su granito de arena en la tarea de conseguir que su significado escape a las obsesiones y las manipulaciones propias de eso que ha dado en llamarse *extrema derecha*. La obra ha encontrado, por lo demás, un eco cierto fuera de las fronteras españolas. Así parecen testimoniarlo las versiones que han aparecido en Argentina, en Chile y en Colombia, por un lado, y las traducciones en curso a un par de lenguas, por el otro.

Me atrevo a adelantar que si el balance que acabo de formular es moderadamente halagüeño, ello se debe en buena medida a un hecho: salta a la vista que en las páginas de este libro se presta mucha mayor atención a lo que ocurre, o a lo que puede ocurrir, en muchos de los principales centros de poder político y económico que a lo que se cuece en los cenáculos de la extrema derecha recién mencionada. Téngase presente —ya lo he señalado en esta obra— que esta última es comúnmente negacionista. Aunque algunas excepciones hay, sus adherentes niegan que exista el cambio climático o, en su defecto, afirman que este último no tiene un origen humano, de la misma suerte que rechazan que se estén agotando muchas de las materias primas, energéticas y no energéticas, vitales para el mantenimiento del sistema en curso. Frente a ello, el ecofascismo en modo alguno es un proyecto negacionista. Como he tenido la oportunidad de subrayarlo en las páginas de este libro, parte, antes bien, de la certificación de los efectos dramáticos que se derivan del cambio climático invocado, del agotamiento de las materias primas y —sí, quiero agregar esta apostilla— de las pérdidas en lo que atañe a biodiversidad.

En el caso español, y para entendernos, Vox no parece hoy una fuerza política ecofascista. Puesto a ironizar, me atreveré a señalar que el ecofascismo es una mercancía ideológica en exceso compleja para Vox, que permanece anclado en su versión casposa del nacionalismo de Estado español. Lo digo, con claridad, de una manera diferente: creo firmemente que el protagonismo futuro del proyecto ecofascista, o de los proyectos ecofascistas, corresponde a fuerzas políticas que acostumbramos a tildar de liberales y socialdemócratas. Por detrás despunta algo con lo que esas fuerzas se han hallado en estrecha relación: pienso en proyectos coloniales, o neocoloniales, de perfiles bien conocidos. Soy consciente, aun así, de que el acercamiento de muchas formaciones de extrema derecha a los principales centros de poder bien puede obligar a matizar algunas de las conclusiones que aquí adelanto.

Remato este epílogo con un somero comentario relativo a las quejas que el término *ecofascismo* —sospecho que las más de las veces lo que hay por detrás de esas quejas no es una impugnación del concepto— ha suscitado. La primera señala que es preferible hablar sin más de *fascismo*, de tal forma que el prefijo *eco-* sobraría. Aunque esta manera de ver las cosas tiene su interés, desde mi punto de vista olvida, o al menos esquiva, la dimensión ecológica específica que correspondería al fenómeno que intento sopesar en esta obra. Creo, por añadidura, que la expansión del concepto de *ecofascismo* puede permitir que muchos activistas antifascistas presten atención singularizada —a mi entender, comúnmente no lo hacen— a esa dimensión de la que hablo, que en modo alguno niega las restantes que forman parte del acervo del fascismo de siempre. La segunda queja recuerda lo que, por lo demás, se antoja innegable: durante un tiempo el adjetivo *ecofascista* fue empleado, casi en exclusiva, por gentes que, situadas en la derecha política, a su amparo deseaban afear la conducta de muchos ecologistas empeñados en establecer normas severas encaminadas a proteger el medio natural. Me parece que inmediatamente se hace evidente que el empleo de ese adjetivo, tal y como se revela en las páginas de este libro, devuelve la pelota al adversario y, mal que bien, viene a sugerir que los ecofascistas son, o pueden ser, por acción o por omisión, quienes utilizaban el adjetivo como fácil descalificación mediática. Una tercera queja, o crítica, sugiere que el término que me ocupa es en exceso duro y dificulta una comunicación suave, tranquila y fluida de ideas. La réplica en este caso es sencilla: lo que es dura es la realidad que ese término pretende identificar. Esto aparte, lo suyo es que recuerde que en los últimos años han salido adelante, cierto que no sin controversias, vocablos que también recibían el calificativo de duros, como es el caso del que se refiere a la perspectiva del *decrecimiento* o del que anuncia un más que posible *colapso*. Hay, en cuarto lugar, gentes que parecen pensar que existen palabras puras y limpias que retratan realidades que exhiben la misma condición, de tal manera que de estas últimas nada malo puede decirse. Entre esas palabras estarían las encabezadas por el prefijo *eco-* antes mencionado. Creo que en esta obra he aportado pruebas que dan cuenta de usos nada benignos de la ecología, como el que asumieron determinados segmentos del aparato de poder nacionalsocialista en Alemania (no quiero olvidar, eso sí, que son muchas las disputas relativas a las eventuales diferencias de enfoque y de valores que rodearían a la *ecología* y al *ecologismo*). El argumento que gloso ahora me trae a la memoria algunos usos esencialistas de la palabra *nacionalismo* —por detrás de ella no habría sino virtudes— o, por qué no, y me refiero a algo que ocurre en el mundo anarquista/libertario en el que me muevo, la inferencia de que la autogestión es siempre un proceso saludable, incluso cuando —cierto es que no se trata de un horizonte frecuente— la propuesta correspondiente es defendida interesadamente por determinado empresariado de vocación innovadora. Al fin y al cabo, y desde cierta perspectiva, habrá que asumir que aunque es razonable concluir que el ecologismo a duras penas puede ser fascista, habrá que admitir al tiempo, sin embargo, que el fascismo sí puede exhibir una dimensión ecológica. No quiero olvidar, en un quinto escalón, que no faltan los colegas que, especializados en áreas de conocimiento muy precisas, no desdeñan el buen sentido de las teorizaciones que se vinculan con el vocablo *ecofascismo* aun cuando sostienen que este último no es afortunado. Bien sé que no hay ningún término perfecto para retratar nada, pero bien estaría que estos colegas se esforzasen en perfilar alguno alternativo al de *ecofascismo*, tanto más cuanto que parecen partir de la certeza de que el fenómeno objeto de consideración no tiene precisamente un relieve menor. Me permito incluir aquí, en fin, y en sexto y último lugar, lo que entiendo que en los hechos es una humorada. Alguien me dijo un buen día que al escribir este libro no estaba haciendo otra cosa que dar ideas al enemigo. Sabido es que cada mañana, nada más levantarse, Bill Gates, antes de lavarse la cara, acude presuroso a leer lo que he colgado en Facebook y en Twitter.

La condición de Gates es, en cualquier caso, muy diferente de la de aquel detractor que adujo que en los tiempos que corren despunta un desafortunado abuso en el empleo de los términos *fascismo* y *fascista*. Comoquiera que yo le preguntase si al formular ese comentario estaba pensando también en este libro y que mi interlocutor no dudase en responder afirmativamente, interpelado de nuevo confesó que no lo había leído. Ojo con los expertos en abusos.

BIBLIOGRAFÍA

ACOT, Pascal (2004): *Histoire du climat*, París, Perrin.

AGAMBEN, Giorgio (2004): *Stato di eccezione*, Turín, Bollati Boringhieri.

AGENJO CALDERÓN, Astrid (2021): *Economía política feminista*, Madrid, Fuhem Ecosocial/Los Libros de la Catarata.

ALIZART, Mark (2021): *The Climate Coup*, Cambridge, Polity.

AMERY, Carl (2002): *Auschwitz, ¿comienza el siglo XXI?*, Madrid/México, Turner/Fondo de Cultura Económica.

AMORÓS, Miguel (2020): "El Estado como mascarilla", en VV AA, *Coronavirus, crisis y confinamiento*, Rosario, Lazo Negro, pp. 27-32.

ANDREWS, Kehinde (2021): *The New Age of Empire*, Harmondsworth, Penguin Random House.

ANTUNES, Ricardo (2021): *O novo proletariado dixital na era do capitalismo pandémico*, Santiago de Compostela, Fundación Moncho Reboiras, S. L.

APPLEBAWM, Anne (2020): *Twilight of Democracy. The Seductive Lure of Authoritarianism*, Nueva York, Anchor.

ARAGÓN, Victoria (2022): *Ecofeminismo y decrecimiento*, Madrid, Los Libros de la Catarata.

ARENDT, Hannah (1982): *Los orígenes del totalitarismo. 3. Totalitarismo*, Madrid, Alianza.

ARIÈS, Paul (2002): *Pour sauver la Terre: l'espèce humaine doit-elle disparaître?*, París, L'Harmattan.

— (2017): *Les rêves de la jeune Russie des soviets. Une lecture antiproductiviste de l'histoire du stalinisme*, Lormont, Le Bord de l'Eau.

Bauman, Zygmunt (1999): *Modernity and the Holocaust*, Ithaca, Cornell University.

Berrojalbiz, Ande y Rodríguez Hidalgo, Javier (2021): *Los penúltimos días de la humanidad*, Logroño, Pepitas de Calabaza.

Bianchi, Bruna, *et al.* (2012): *Immaginare la società della decrescita*, Florencia, Terra Nuova.

Biehl, Janet (2011): "'Ecology' and the modernization of Fascism in the German Ultra-right", en Janet Biehl y Peter Staudenmaier, *Ecofascism Revisited*, Porsgrunn, New Compass, pp. 43-88.

Biehl, Janet y Staudenmaier, Peter (2011): *Ecofascism Revisited*, Porsgrunn, New Compass.

Bizzocchi, Andrea (2009): *Ritorno al passato. La fine dell'era del petrolio e il futuro che ci attende, sine loco,* Per la decrescita felice.

Blau, Judith (2019): *Crimes Against Humanity. Climate Change and Trump's Legacy of Planetary Destruction*, Nueva York-Londres, Routledge.

Bregman, Rutger (2020): *Human Kind. A Hopeful History*, Londres, Bloomsbury.

Brown, Wendy (2010): *Walled States, Waning Sovereignity*, Nueva York, Zone.

Camatte, Jacques (2020): "Instauración del riesgo de extinción", en VV AA, *Coronavirus, crisis y confinamiento*, Rosario, Lazo Negro, pp. 53-78.

Campillo Vélez, Beatriz Eugenia (2021): "Vigilancia y disciplina en tiempos de pandemia: ¿se expande en Occidente el modelo chino?", en Edgar Vieira Posada (dir.), *La pandemia de COVID-19 y un nuevo orden mundial*, Bogotá, Universidad Cooperativa de Colombia.

Cooper, Luke (2021): *Authoritarian Contagion. The Global Threat to Democracy*, Bristol, Bristol University.

Coquery-Vidrovitch, Catherine (2003): "Le postulat de la supériorité blanche et de l'infériorité noire", en Marc Ferro (dir.), *Le livre noir du colonialisme*, París, Robert Laffont, pp. 863-926.

Danowski, Déborah y Viveiros de Castro, Eduardo (2021): *The Ends of the World*, Cambridge, Polity.

Davis, Mike (2021): "Guerra de trincheras. Notas sobre las elecciones estadounidenses de 2020", en Mike Davis y Dylan Riley, *Trump-Biden. Líneas de fractura en la política estadounidense*, Madrid, New Left Review en español/Traficantes de Sueños, pp. 43-82.

Davis, Mike y Riley, Dylan (2021): *Trump-Biden. Líneas de fractura en la política estadounidense*, Madrid, New Left Review en español/Traficantes de Sueños.

Delingpole, James (2013): *The Little Green Book of Eco-fascism: The Plan to Frighten Your Kids, Drive Up Energy Costs and Hike Your Taxes!*, Londres, Biteback.

Dodsworth, Laura (2021): *A State of Fear*, Londres, Peter & Martin.

Driessen, Paul (2003): *Eco-Imperialism. Green Power, Black Death*, Bellevue, Free Enterprise.

Durand, Cédric (2020): *Techno-féodalisme. Critique de l'économie numérique*, París, La Découverte.

Falquet, Jules (2019): *Pax Neoliberalia. Perspectivas feministas sobre la reorganización global de la violencia*, Buenos Aires, Madreselva.

Ferrari, Livo y Mosconi, Giuseppe (2021): *Por qué abolir la cárcel. Las razones del movimiento "No Prison"*, Zambra/Baladre, S. L.

Ferro, Marc (2003a): "Le colonialisme, envers de la colonisation", en Marc Ferro (dir.), *Le livre noir du colonialisme*, París, Robert Laffont, pp. 9-50.

— (dir.) (2003b): *Le livre noir du colonialisme*, París, Robert Laffont.

Francés, Paz; Loayssa, José R. y Petruccelli, Ariel (2021): *COVID-19. La respuesta autoritaria y la estrategia del miedo*, Alicante, El Salmón.

Fusaro, Diego (2021): *Golpe globale. Capitalismo terapeutico e Grande Reset*, Milán, Piemme.

Garcia, Renaud (2020): *La collapsologie ou l'écologie mutilée*, París, L'Échappée.

Gemenne, François; Rankovic, Aleksandar y Atelier de cartographie de Sciences Po (2019): *Atlas de l'anthropocène*, París, Sciences Po.

Gentile, Emilio (2019): *Quién es fascista*, Madrid, Alianza.

George, Susan (2001): *El informe Lugano*, Barcelona, Icaria.

Graeber, David (2018): *La démocratie aux marges*, París, Flammarion.

Greer, John Michael (2014): *Decline and Fall. The End of Empire and the Future of Democracy in 21st Century America*, Gabriola Island, New Society.

— (2015): *Collapse Now and Avoid the Rush, sine loco,* Founders House.

Harari, Yuval Noah (2022): *21 lecciones para el siglo XXI*, Barcelona, Penguin Random House.

Heinberg, Richard (2010): *Peak Everything*, Gabriola Island, New Society.

Holmgren, David (2014): "Colapso por encargo", en HYPERLINK "http://www.reddetransicion.org/wp-content/uploads/2014/02/colapso-por-Encargo-por-David-Holmgren.pdf"www.reddetransicion.org/wp-content/uploads/2014/02/colapso-por-Encargo-por-David-Holmgren.pdf.

Horvat, Srećko (2021): *After the Apocalypse*, Cambridge, Polity.

Kolata, Alan L. (2010): "Before and After Collapse. Reflections on the Regeneration of Social Complexity", en Glenn M. Schwartz y John J. Nichols, *After Collapse. The Regeneration of Complex Societies*, Tucson, University of Arizona, pp. 208-221.

Krastev, Ivan (2022): *Is It Tomorrow Yet?*, Dublín, Penguin.

Latouche, Serge (2006): *Le pari de la décroissance*, París, Fayard.

— (2007): *Petit traité de la décroissance sereine*, París, Mille et une nuits.

Lindqvist, Sven (2022): *"Exterminem todas as bestas"*, Alfragide, Caminho.

Magny, Michel (2021): *L'anthropocène*, París, Que sais-je?.

Malm, Andreas (2020): *Corona, Climate, Chronic Emergency*, Londres/Nueva York, Verso.

Malm, Andreas y Zetkin Collective (2021): *White Skin, Black Fuel. On the Danger of Fossil Fascism*, Londres, Verso.

Manrique, Patricia (2019): "La tercera ola revolucionaria de/contra la Modernidad", en Luis Martínez Andrade (dir.), *Feminismos a la contra. Entre-vistas al Sur Global*, Santander, La Vorágine, pp. 13-68.

Martínez Andrade, Luis (dir.) (2019): *Feminismos a la contra. Entre-vistas al Sur Global*, Santander, La Vorágine.

Musser, R. Mark (2018): *Nazi Ecology, sine loco*, Mark Musser Ministries.

Pavoni, Andrea y Tomassoni, Franco (2022): *A produção do mundo, sine loco*, Outro Modo.

Polanyi, Karl (2020): *La naturaleza del fascismo*, Barcelona, Virus.

Qing, Dai (2021): *The Most Damned Country in the World*, Harmondsworth, Penguin.

Riley, Dylan (2021): "¿Qué es Trump?", en Mike Davis y Dylan Riley, *Trump-Biden. Líneas de fractura en la política estadounidense*, Madrid, New Left Review en español/Traficantes de Sueños, pp. 7-42.

Sanguinetti, Gianfranco (2020): "El despotismo occidental", en VV AA, *Coronavirus, crisis y confinamiento*, Rosario, Lazo Negro, pp. 21-26.

Schwartz, Glenn M. y Nichols, John J. (2010): *After Collapse. The Regeneration of Complex Societies*, Tucson, University of Arizona.

Servigne, Pablo y Stevens, Raphaël (2015): *Comment tout peut s'effondrer*, París, Seuil.

Simón, Patricia (2022): *Miedo. Viaje por el mundo que se resiste a ser gobernado por el odio*, Barcelona, Debate.

Sitrin, Marina y Colectiva Sembrar (2020): *Pandemic Solidarity, Mutual Aid During the COVID-19 Crisis*, Londres, Pluto.

Snyder, Timothy (2015): *Black Earth. The Holocaust as History and Warning*, Londres, The Bodley Head.

Solnit, Rebecca (2020): *Un paraíso en el infierno. Las extraordinarias comunidades que surgen en el desastre*, Madrid, Capitán Swing.

Staudenmaier, Peter (2011a): "Fascist Ecology: the 'Green Wing' of the Nazi Party and its Historical Antecedents", en Janet Biehl y Peter Staudenmaier, *Ecofascism Revisited*, Porsgrunn, New Compass, pp. 13-42.

— (2011b): "Right Wing Ecology in Germany: Assessing the Historical Legacy", en Janet Biehl y Peter Staudenmaier, *Ecofascism Revisited*, Porsgrunn, New Compass, pp. 89-132.

— (2021): *Ecology Contested. Environmental Politics between Left and Right*, Porsgrunn, New Compass.

SUING, Guillaume (2018): *L'écologie réelle. Une histoire soviétique et cubaine*, París, Delga.

SUSSMAN, Brian (2012): *Eco-Tyranny: How the Left's Green Agenda Will Dismantle America*, Washington, WND.

TAINTER, Joseph A. y PATZEK, Tadeusz W. (2012): *Drilling Down. The Gulf Oil Debacle and Our Energy Dilemma*, Nueva York, Copernicus.

TANDLER, Nicolas (2014): *Pol Pot*, Grez-Sur-Loing, Pardès.

TRAVERSO, Enzo (2002): *La violence nazi. Une généalogie européenne*, París, La Fabrique.

— (2018): *Las nuevas caras de la derecha*, Buenos Aires, Siglo Veintiuno.

TURIEL, Antonio (2020): *Petrocalipsis. Crisis energética global y cómo (no) la vamos a solucionar*, Madrid, Alfabeto.

VALVERDE, Clara (2015): *De la necropolítica neoliberal a la empatía radical*, Barcelona, Icaria.

VIEIRA POSADA, Edgar (dir.) (2021): *La pandemia de COVID-19 y un nuevo orden mundial*, Bogotá, Universidad Cooperativa de Colombia.

VILLALBA, Bruno (2021): *Les collapsologues et leurs ennemis*, París, Le Pommier.

VITALE, Alex S. (2018): *The End of Policing*, Londres, Verso.

VV AA (2020): *Coronavirus, crisis y confinamiento*, Rosario, Lazo Negro.

WABERI, Abdourahman A. (2006): *Aux États-Unis d'Afrique*, Arles, Actes Sud.

WAINWRIGHT, Joel y MANN, Geoff (2020): *Climate Leviathan. A Political Theory or Our Planetary Future*, Londres, Verso.

WALLACE-WELLS, David (2019): *The Uninhabitable Earth. A Story of the Future*, Harmondsworth, Penguin.

WALTER, Dierk (2016): *Colonial Violence. European Empires and the Use of Force*, Oxford, Oxford University.

WHYTE, David (2020): *Ecocide. Kill the Corporation Before it Kills Us*, Manchester, Manchester University.

ZIBECHI, Raúl, *et al*. (2021): *Los pueblos rompen el cerco. Tiempos de colapso II*. Baladre/Zambra, Carcaixent/Málaga.

ZUBOFF, Shoshana (2019): *The Age of Surveillance Capitalism*, Londres, Profile.

ZYLINSKA, Joanna (2018): *The End of the Man. A Feminist Counterapocalypse*, Minneapolis, University of Minnesota.